EMPIRE

&

IMPÉRIALISME

ISBN : 2-7475-5397-3

ATILIO A. BORON

EMPIRE
&
IMPÉRIALISME

UNE LECTURE CRITIQUE DE MICHAEL HARDT ET ANTONIO NEGRI

Traduit de l'espagnol (Argentine) par
Marie-Anne DUBOSC

L'Harmattan
5-7, rue de l'École-Polytechnique
75005 Paris
FRANCE

L'Harmattan Hongrie
Hargita u. 3
1026 Budapest
HONGRIE

L'Harmattan Italia
Via Bava, 37
10214 Torino
ITALIE

Forum du Tiers Monde

Collection dirigée par Samir Amin

Déjà parus

HERRERA Rémy, *Cuba révolutionnaire,* 2003.
FOUNOU B., SY S. D., DIENG A. A., *Mélanges en l'honneur de S. Amin*, 2003.
AMIN Samir, KENZ Ali El, *Le monde arabe,* 2003.
DIOUF Makhtar, *L'endettement puis l'ajustement,* 2002.
DIOUF Makhtar, *L'Afrique dans la mondialisation,* 2002.
DIENG A. A. (sous la direction de), *Le Sénégal à la veille du troisième millénaire,* 2000.
MBAYA Kankwenda, *Marabouts ou marchands du developpement en Afrique,* 2000.
WANDEY NGIZUA F., préface de S. AMIN, *L'idéologie libérale et les rapports Nord-Sud*, 1999.
HAMMOUDA H. B., *Afrique : pour un nouveau contrat de développement*, 1999.
HOUTARD F. et POLET F. (eds), *Un Autre Davos, Mondialisation des résistances et des luttes*, 1999.
SARR Fatou, *L'entrepreneur féminin au Sénégal,* 1998.
NOHRA F., *Théories du capitalisme mondial*, 1997.
HAMMOUDA H.B., *Les pensées uniques en économie*, 1997.
AMIN S., *Critique de l'air du temps. Le cent cinquantième anniversaire du manifeste communiste*, 1997.
AMIN S. (dir), *Le Maghreb : enlisement ou nouveau départ ?*, 1996
AMIN S., *Les défis de la mondialisation*, 1996.
CASANOVA P. G., *Etat et politique dans le tiers-monde*, 1994.
AMIN S., *Mondialisation et accumulation*, 1993.
YACHIR F., *L'Europe du Sud et le Monde arabe, au défi des technologies nouvelles*, 1992.
YACHIR F., *La Méditerranée dans la révolution technologique*, 1992.
KHENASS I., *Le Défi énergétique en Méditerranée*, 1992.
AMIN S., *Les Enjeux stratégiques en Méditerranée*, 1992.
AIT AMARA H., *L'Agriculture méditerranéenne dans les rapports Nord-Sud,*1992.

Table de matèries

Prologue à l'édition française

Le livre que le lecteur français tient là dans ses mains vise à discuter, tant du point de vue théorique qu'à la lumière de données historiques et contemporaines, les thèses que Michael Hardt et Antonio Negri ont développées dans *Empire*. Si dans les éditions antérieures, nous avons préféré laisser de côté l'analyse de certains faits tout aussi transcendants que spectaculaires, comme les attentats du 11 septembre à New York et à Washington, bien que ceux-ci contestaient déjà sérieusement l'argument théorique de Hardt et Negri, au moment où nous remettons la version française de notre livre, en mai 2003, une telle attitude n'est pas seulement impossible mais également indésirable. En effet, la guerre d'Irak, déclarée en solitaire par les Etats-Unis et menée par eux de manière quasi-exclusive, a eu sur le livre de Hardt et Negri le même effet que celui de la chute des Twin Towers sur l'auto-estime nord-américaine. En ce sens, nous sommes certains que tout un ensemble d'événements qui ont eu lieu dans l'arène internationale peu après la publication d'*Empire* aux Etats-Unis, et en particulier la Guerre d'Irak, réfutent irrévocablement par la force de leur portée, la théorisation audacieuse proposée par Hardt et Negri dans leur livre. Celui-ci s'est non seulement révélé être incapable d'interpréter correctement l'histoire de l'impérialisme mais aussi de retracer la phase initiée par l'effondrement de la bipolarité.

Une énumération quelque peu sommaire de certaines des principales « victimes théoriques » des événements récents signalera, entre autres, celles-ci :

a) La conception de Hardt et Negri du rôle des Nations Unies et du droit international. Comme nous l'affirmons dans notre livre, les auteurs d'*Empire* ont grossièrement exagéré l'importance et le poids effectifs des Nations Unies et de la législation internationale. Manquant des instruments théoriques nécessaires pour envisager la complexité de la structure du système impérialiste, ces auteurs se limitent à un examen des apparences de cette structure. Ils ont alors pris la formalité vide de l'empire pour sa substance même. Le contraste avec la réalité, déjà évident avant l'invasion décrétée par le Président George W. Bush, est devenu strident et insupportable lorsque les Etats-Unis ont décidé – en tant que politique officielle et déjà plus comme un simple *position paper* écrit par quelque faucon du Pentagone et qui circulait subrepticement dans les bureaux de Washington – d'ignorer toute résolution adoptée par le Conseil de Sécurité, pour ne pas parler de l'Assemblée Générale ! Fidèle à cette position, la Maison Blanche n'a pas hésité à poursuivre sa politique de défense de sa sécurité nationale soi-disant menacée en ignorant complètement l'obligation d'obtenir de pénibles accords politiques ou de se soumettre aux conventions d'une législation internationale que le centre impérial considérait comme un simple tribut à la démagogie. Cette conduite a été menée à bien malgré les coûts élevés qu'elle impliquait, comme par exemple la rupture du consensus nord-atlantique, la crise de l'OTAN et la grave dissension avec la France et l'Allemagne dont les séquelles resteront longtemps visibles.

b) Une autre victime de la guerre d'Irak est la construction théorique développée par Hardt et Negri dans leur livre sur le caractère soi-disant décentralisé et décentré de l'empire. Cette volatilisation territoriale de l'impérialisme avait pour nécessaire contrepartie l'irréversible transfert des anciennes souverainetés campées dans les archaïques états nationaux à un vaporeux espace apparemment supranational, où se constituerait une nouvelle souveraineté impériale dépourvue de tout vestige de l'état-nation. Loin de refléter la domination d'un « centre » de la structure impérialiste mondiale, la nouvelle souveraineté impériale ne ferait qu'établir la primauté d'une « logique globale de domination » qui dépasserait les traditionnels intérêts nationaux, cause de tant de guerres « impérialistes » dans le passé.

Si l'agression déchaînée sur l'Irak a effectivement démontré quelque chose, c'est bien le caractère illusoire de ces conceptions si chères aux auteurs d'*Empire*, démenties par un Bush aux manières rustres de *cowboy* texan abruti. Une des premières lectures que nous pouvons faire des événements d'Irak est que, faisant la sourde oreille à la conceptualisation de Hardt et Negri – et de quelques autres, il faut bien le reconnaître, comme Manuel Castells par exemple –, la superpuissance solitaire s'est pleinement assumée comme impérialiste sans même plus essayer de le cacher mais en en faisant, cette fois, étalage. Elle est intervenue militairement en Irak, comme elle le fera certainement dans d'autres pays, en obéissant à la plus grossière et mesquine défense des intérêts du conglomérat de gigantesques oligopoles qui représentent la classe dominante nord-américaine, intérêts qui, grâce à l'hégémonie bourgeoise, deviennent miraculeusement les intérêts nationaux des Etats-Unis.

Rien de plus maladroit donc que l'image évoquée par Hardt et Negri dans leur livre : Washington s'engagerait militairement dans la planète entière pour répondre à la requête universelle d'imposer la justice et la légalité internationales. Toute une pléthore de publicitaires d'extrême droite – spécialement Robert Kagan et Charles Krauthammer – inconnus il y a encore quelques semaines ont surgi sur la scène publique pour justifier ouvertement cette réaffirmation d'un unilatéralisme impérialiste qui ne se préoccupe en rien de justice et de légalité internationales. Ils se sont en cela unis avec d'autres auteurs, comme Samuel P. Huntington ou Zbignieb Brzezinski, qui avaient délimité, depuis déjà quelques années, les impératifs stratégiques de la *lonely superpower* et le besoin urgent de relever les défis qui découlaient de sa condition de point focal d'un vaste empire territorial. Un de ces défis, et certainement pas le seul, est le droit – et pas uniquement le droit mais en réalité également le devoir ! – d'en appeler à la guerre aussi souvent que nécessaire afin d'empêcher que le fragile et très instable « nouvel ordre mondial » proclamé par George Bush père à la sortie de la première Guerre du Golfe ne s'effondre comme un château de cartes. Et rien de cela ne peut se faire sans renforcer considérablement la souveraineté de l'état-nation nord-américain et de ses organes effectifs de projection internationale, principalement ses forces armées. Voilà la seule et unique raison pour laquelle une armée nationale comme celle des Etats-Unis en vient à rendre compte de presque la moitié du coût militaire total de la planète. Ainsi, les idylliques réflexions proposées dans *Empire* : les Etats-Unis, en répondant magnanimement aux exigences universelles de rétablir la primauté de la justice internationale et du droit global, ont aussi fait partie des « dommages collatéraux » de l'agression contre l'Irak et sont restés enterrés sous l'avalanche de « bombes intelligentes » larguées sur le sol irakien.

c) Une autre leçon de la guerre d'Irak a été l'actualisation de certains des traits caractéristiques du « vieil impérialisme ». Selon la version de nos auteurs, l'exaltation des éléments virtuels établissait une limite infranchissable entre le « vieil impérialisme » et le tout nouvel empire, celui-là étant entendu comme le système de relations internationales qui s'inscrivait, approximativement, dans les canons établis par l'analyse léniniste et partagés en grande partie par certains auteurs classiques comme Boukharine et Rosa Luxemburg. Un de ces attributs était justement l'occupation territoriale et le pillage des ressources naturelles des pays colonisés et soumis à l'agression impérialiste. Si la problématique de l'accès à certaines ressources stratégiques du monde de la production ne ressortait pas de la lecture d'*Empire*, étant donné son insistance sur les aspects immatériels du processus de création de valeurs et des transformations de l'entreprise capitaliste moderne pour n'indiquer que les points les plus importants, dès ses tragi-comiques prolégomènes, la Guerre en Irak a démontré à quel point cette omission est maladroite. Il suffit de se souvenir du Président Bush, un pathétique sourire à peine dissimulé sur les lèvres, exhortant les Irakiens à ne pas détruire les puits de pétrole et à s'abstenir de les incendier, pour comprendre le caractère absolument crucial de l'accès et du contrôle des ressources naturelles stratégiques au sein de la structure impérialiste mondiale. Au jour d'aujourd'hui, le pétrole constitue le système nerveux central du capitalisme international et un enjeu encore plus important que le monde des finances. Celui-ci ne peut fonctionner sans celui-là. Tout l'essaim de ce que Susan Strange a, avec raison, nommé le « capitalisme de casino » s'écroulera en quelques minutes quand les réserves de pétrole seront épuisées. Et celui-ci, comme nous le savons, sera rayé de la surface de la terre dans pas moins de deux ou trois générations. Il serait d'une naïveté impardonnable de supposer que la dissidence française face aux outrages nord-américains en Irak est fondée sur l'ardeur des convictions démocratiques de Jacques Chirac ou sur les irrépressibles désirs de la droite française d'assurer au peuple irakien le plein exercice des délices de l'ordre démocratique. L'intransigeance française a été motivée, au contraire, par quelque chose de bien plus prosaïque : la présence des entreprises françaises sur un territoire où se trouve la deuxième réserve mondiale de pétrole. A l'inverse de ce que nous portent à croire Hardt et Negri dans leur vision sublimée de l'empire, il est probable qu'une des futures scènes du système international soit configurée par une rivalité inter-impérialiste croissante où le saccage des ressources stratégiques, comme le pétrole et l'eau, et la lutte pour une nouvelle répartition du monde pourraient bien avoir pour conséquence l'éclatement de nouvelles guerres de pillage, aux logiques analogues à celles que nous avons connues tout au long du XXème siècle.

d) Autre victime : leur entendement des mal-nommées entreprises transnationales présenté dans *Empire*. En effet, Hardt et Negri ont fait leur la vision du monde capitaliste développé par les principales écoles de commerce et les théoriciens de la « globalisation » néolibérale. Selon cette dernière, il n'y a plus d'entreprises nationales puisqu'elles sont toutes globales et requièrent donc un espace mondial libéré des anciennes entraves et restrictions « nationales » qui affectent le mouvement des léviathans capitalistes modernes. Dans une lecture supposée anticapitaliste, cet espace en viendrait à être précisément l'empire, tel que le caractérisent Hardt et Negri. Comme nous le signalons dans notre livre, la réalité est évidemment toute autre. Il existe une distinction élémentaire entre le théâtre des opérations des entreprises et la sphère de leur propriété et contrôle. Si dans le cas des entreprises les plus grandes, leur champ opératoire est clairement planétaire, la propriété et le contrôle gardent toujours une base nationale : les entreprises sont des personnes juridiques qui sont enregistrées dans un pays en particulier et pas au siège des Nations Unies à New York. Elles sont basées dans une ville ; elles obéissent à un cadre légal national déterminé qui les protège d'éventuelles expropriations ; elles payent des impôts sur leurs revenus dans un pays et ainsi de suite. Néanmoins, si quelques doutes persistaient quant au caractère « transnational » de l'entreprise capitaliste moderne, la conduite de la Maison Blanche et sa démonstration brutale que les bénéficiaires de l'opération belliqueuse lancée au nom de la liberté et de la nécessité de libérer le monde des menaces d'un dangereux Saddam ne pouvaient être que les entreprises nord-américaines, sont venues démontrer, à travers les manières rustres du vacher texan, l'irréalité absolue des thèses développées dans *Empire* à ce sujet. Et il n'y a pas que cela. Il ne s'agit plus désormais de savoir que les entreprises nord-américaines remportent la part du lion de l'opération irakienne ; la façon même dont les dits privilèges ont été remportés par des entreprises liées à la camarilla gouvernante nord-américaine rappelle les méthodes utilisées par différentes familles new-yorkaises pour se répartir le contrôle des commerces dans la ville. Quel est le rapport entre ce partage impérialiste et les théorisations idylliques d'*Empire* ? Absolument aucun.

e) Enfin, le rôle joué par le mouvement « non-global » mérite le dernier paragraphe car son apparition vigoureuse contredit d'autres arguments du livre de Hardt et Negri. Les « non-global » ont le formidable mérite d'avoir mis en marche un grand mouvement pacifiste avant même le début des opérations en Irak. Si comme le rappelle Noam Chomsky, le pacifisme en réaction à la Guerre du Vietnam est timidement apparu plus de cinq ans après le début de l'escalade militaire au Vietnam sud, dans le cas de la récente guerre, ce mouvement a réussi à rassembler une mobilisation massive et d'une vigueur inédite des semaines avant le début des hostilités. L'on compte que quelques quinze millions de personnes ont manifesté pour la paix dans les principales villes du monde entier. En Angleterre et en Espagne, qui ne sont pas par hasard les pays complices de l'agression impérialiste des Etats-Unis, les manifestations ont pris une dimension inédite dans l'histoire. Les gouvernements de Blair et Aznar ont mis en évidence leur véritable conception du régime démocratique en décidant de poursuivre jusqu'au bout le plan élaboré par les faucons de la Maison Blanche malgré l'opposition de l'opinion publique. Dans le cas espagnol, le refus de la guerre a atteint les 90% des personnes interrogées, ce qui n'a pas empêché le gouvernement du Parti Populaire de poursuivre imperturbablement cette politique.

Nous nous sommes attardés sur ce point car dans leur livre, nos auteurs ont présenté comme le véritable « héros » de la lutte contre l'empire, le migrant anonyme et déraciné qui abandonne son lopin de terre du Tiers-monde pour s'introduire dans les entrailles du monstre et qui, de là et avec d'autres personnes dans la même situation, ceux qui constituent la fameuse « multitude », livre bataille contre les maîtres du monde. Sans mésestimer l'importance que peuvent avoir de tels acteurs sociaux, il est certain que l'on a observé ces dernières années – et tout particulièrement dans les manifestations pacifistes de début 2003 – la vigueur d'un mouvement très solidement ancré dans les structures sociales du capitalisme métropolitain et qui recueille de nombreux adeptes, en grande partie des jeunes mais pas uniquement, parmi d'amples secteurs sociaux qui connaissent un processus accéléré de décomposition du fait de la mondialisation néolibérale. Par sa complexité et son radicalisme, l'originalité de ses innovations quant à la stratégie d'organisation des sujets collectifs, ses modèles discursifs, ses styles d'action et enfin par son anticapitalisme, le mouvement « non-global » représente l'un des défis les plus sérieux auquel s'affronte l'empire réel. Ceci constitue aussi une nouveauté qui met sérieusement en doute les thèses élaborées par Hardt et Negri à propos des sujets de la confrontation sociale et de la physionomie sociologique incertaine de la « multitude ».

Nous sommes en train de vivre un moment très spécial de l'histoire de l'impérialisme : le passage d'une phase classique à une autre dont les contours viennent à peine de se préciser, mais dont les grandes lignes se discernent déjà clairement. Rien ne pourrait être plus faux que de soutenir, comme le font Hardt et Negri dans leur livre, qu'il existe maintenant quelque chose qui ressemblerait à un empire sans impérialisme. Il semble nécessaire de contester leurs thèses, eu égard à l'exceptionnelle gravité de la situation actuelle : un capitalisme de plus en plus régressif et réactionnaire socialement, politiquement et culturellement, qui criminalise les mouvements sociaux de protestation et militarise la politique internationale. Seul un diagnostic précis de la structure et du fonctionnement du système impérialiste international permettra aux mouvements sociaux, aux partis, aux syndicats et aux organisations populaires en tout genre qui combattent pour le renverser d'entamer les nouvelles journées de résistance avec quelques chances de réussite. Il n'y a pas de lutte émancipatrice possible sans une cartographie sociale claire et précise du champ de bataille. Il ne sert à rien de projeter avec soin les contours d'une nouvelle société si on n'analyse pas lucidement la physionomie de la société actuelle. Un monde post-capitaliste et post-impérialiste est possible, mais nous devons d'abord changer celui-là. Et cela ne se fait pas en travaillant sur des illusions mais en agissant sur la base d'une connaissance réaliste et précise du monde que nous voulons laisser derrière.

Palma de Mallorca, le 13 mai 2003.

Prologue

Pour commencer, un peu d'histoire. En septembre 2001, Tariq Ali, un des éditeurs de la *New Left Review*, nous a invités à écrire un chapitre d'un livre collectif qui allait être publié par Verso, à Londres, dans le courant de cette même année. Cet ouvrage réunit une série de commentaires critiques d'*Empire*, suivie de la réponse de Michael Hardt et Antonio Negri. Comme ce travail devait être publié en anglais et que nos expériences en matière de traduction étaient absolument catastrophiques, nous avons décidé d'écrire le livre directement dans cette langue. Il a ensuite été envoyé à Londres et distribué à certains des co-auteurs du volume et, bien entendu, aux auteurs d'*Empire*. A l'occasion du deuxième Forum Social Mondial qui a eu lieu à Porto Alegre en janvier de la même année, nous avons remis ce texte à plusieurs collègues et amis, afin de recueillir leurs opinions. Peu de temps après, nous avons commencé à recevoir des demandes urgentes d'autorisation de traduction du texte en espagnol. Appréhendant à nouveau les dangers de cette entreprise, nous avons décidé de prendre nous-mêmes en charge cette tâche. En traduisant la version originale dans notre langue maternelle, nous l'avons en fait réécrite entièrement, enrichissant certains commentaires, ajoutant plus de données et suggérant de nouvelles pistes de réflexion. Le résultat, le voilà.

Mais tout ceci n'est qu'histoire et circonstances. Il y eut aussi des raisons plus profondes. En premier lieu, le besoin d'analyser très sérieusement une œuvre produite par deux auteurs du calibre de Michael Hardt et Antonio Negri (à partir de maintenant H&N). Leurs trajectoires intellectuelles et politiques, longues et fécondes, spécialement dans le cas de ce dernier, font qu'ils méritent tout notre respect et nous obligent par-là même à examiner avec attention la valeur des arguments qu'ils exposent tout au long d'un livre aussi polémique et d'un impact public aussi notable qu'*Empire* (Hardt et Negri, 2000). En deuxième lieu, l'importance majeure du thème abordé dans ce travail : l'empire ou plutôt, définition qui semble plus correcte à nos yeux, le système impérialiste dans sa phase actuelle.

Face à ce projet, les difficultés étaient légion. Il s'agit de deux intellectuels connus pour leur position critique du capitalisme et de la mondialisation néolibérale et qui, de surcroît, ont eu le courage d'aborder un sujet aussi crucial dans la conjoncture actuelle. En effet, aussi profonde que soit notre dissension théorique avec l'interprétation de H&N, nous nous devons de reconnaître qu'une révision et une mise à jour telles que celles entreprises par ces auteurs étaient plus que nécessaires. D'une part, parce que les déficiences des analyses conventionnelles de la gauche sur les transformations de l'impérialisme dans le dernier quart de siècle sont impossibles à ignorer et exigent une actualisation de toute urgence. D'autre part, parce que les failles de la « pensée unique » à ce sujet, divulguée *urbi et orbi* par le FMI, la Banque Mondiale et les agences idéologiques du système impérial et matérialisée dans la théorie néolibérale de la « globalisation », sont encore plus graves. Pour ceux qui considèrent, comme les auteurs de ce livre, que la mission fondamentale de la philosophie et de la théorie politiques est de changer le monde et non pas seulement de l'interpréter – comme le dit Marx dans sa fameuse « Onzième Thèse » sur Feuerbach – une théorie correcte constitue un instrument indispensable pour que les mouvements populaires qui résistent à la mondialisation néolibérale puissent évoluer dans une marge raisonnable de certitude au milieu des eaux turbulentes du capitalisme contemporain. Un des facteurs qui nous ont le plus poussés à écrire ce texte est la conviction absolue que la réponse qu'offrent H&N face à ce défi est hautement insatisfaisante et qu'elle peut même être source de nouvelles frustrations sur le terrain de la pratique politique.

Il est évident qu'un phénomène comme celui de l'impérialisme contemporain – sa structure, sa logique de fonctionnement et ses contradictions – ne peut être compris si l'on procède à une relecture talmudique des textes classiques de Hilferding, Lénine, Bouchkarine et Rosa Luxemburg. Non parce que ceux-ci ont tort comme se plait à le dire la droite, mais parce que le capitalisme est un système changeant et fortement dynamique qui, comme l'ont écrit Marx et Engels dans le *Manifeste Communiste*, « se révolutionne constamment ». Par conséquent, on ne peut pas comprendre l'impérialisme du début du XXIème siècle en ne lisant *que* ces auteurs. Mais on ne peut pas non plus le comprendre *sans* eux. Il n'est évidemment pas question de répéter inlassablement leurs thèses de façon stérile. Le but est d'avancer vers une formulation qui partant de la révolution copernicienne produite par l'œuvre de Marx – clé d'interprétation essentielle et irremplaçable de la société capitaliste – réélabore avec audace et créativité l'héritage classique des études sur l'impérialisme à la lumière des transformations de notre temps. L'impérialisme d'aujourd'hui n'est pas le même que celui d'il y a trente ans. Il a changé, et parfois fondamentalement. Mais il ne s'est pas transformé en son contraire où règnerait une économie « mondiale » dans laquelle nous serions tous « interdépendants », comme le suggère la mystification néolibérale. Il continue à exister et à opprimer des peuples et des nations, à semer sur son chemin la douleur, la destruction et la mort. Malgré ses changements, il conserve son identité et sa structure et il continue à jouer sa fonction historique dans la logique d'accumulation mondiale du capital. Ses mutations, son volatile et dangereux mélange de persistance et d'innovation sont tels qu'il nous est désormais nécessaire, si nous voulons clairement percevoir sa nature, d'adopter une nouvelle perspective. Ce n'est pas notre objectif d'analyser ici les diverses théories sur l'impérialisme. Disons, en guise de résumé, que les attributs fondamentaux de celui-ci, signalés par les auteurs classiques, à l'époque de la Première Guerre Mondiale, sont encore en vigueur dans la mesure où l'impérialisme n'est ni un fait accessoire ni une politique menée par quelques états mais bien une nouvelle étape dans le développement du capitalisme. Cette étape est marquée, aujourd'hui plus encore qu'hier, par la concentration du capital, l'écrasante domination des monopoles, le rôle croissant du capital financier, l'exportation de capitaux et la répartition du monde en plusieurs « sphères d'influence ». L'accélération du processus de mondialisation au cours du dernier quart de siècle, loin d'atténuer ou de dissoudre les structures impérialistes de l'économie mondiale, n'a fait qu'accentuer de façon extraordinaire les asymétries structurelles qui caractérisent l'insertion des différents pays dans ce système. Alors qu'une poignée de nations du capitalisme développé a renforcé sa capacité de contrôle, au moins partiel, des processus productifs à l'échelle mondiale, de la financiarisation de l'économie internationale et de la circulation croissante des marchandises et des services, l'énorme majorité des pays ont vu leur dépendance extérieure s'accentuer et le fossé qui les séparait des métropoles s'élargir de façon aberrante. La globalisation en somme a consolidé la domination impérialiste et approfondi la soumission des capitalismes périphériques, rendus de plus en plus incapables d'exercer un minimum de contrôle sur leurs processus économiques domestiques. Le travail de Hardt et Negri ignore cette permanence des paramètres fondamentaux de l'impérialisme – pas nécessairement de sa phénoménologie – et cette négation porte le nom de ce que ces auteurs ont appelé « empire ». Ce que nous prétendons démontrer dans notre livre est que, tout comme les murailles de Jéricho ne se sont pas effondrées au son des trompettes de Josué et des prêtres, la réalité de l'impérialisme ne s'évanouit pas non plus face aux fantasmes des philosophes.

Il n'est pas futile que la réflexion proposée par Hardt et Negri ait lieu justement au moment où la dépendance de la périphérie et la domination impérialiste atteignent des niveaux inégalés dans l'histoire de l'humanité. C'est pour cela qu'il est nécessaire de se fonder sur de nouveaux instruments théoriques afin de comprendre l'impérialisme ; et lutter contre lui est plus urgent que jamais. Sans pécher de théorétique, il nous semble qu'il sera très difficile de gagner cette bataille si l'on ne connaît pas très exactement la nature du phénomène. C'est précisément du fait de cette soif de savoir qu'*Empire* a eu un succès si extraordinaire chez des foules de jeunes et de moins jeunes qui à partir de Seattle, se sont mobilisés dans le monde entier pour faire front au génocide systématique que pratique quotidiennement l'impérialisme dans les pays de la périphérie capitaliste, à la régression sociale et à la décitoyennisation qui ont lieu aussi bien dans les sociétés les plus avancées que dans les plus reculées, à la destruction criminelle de l'environnement, à l'avilissement des régimes démocratiques asservis à la tyrannie des marchés et au paroxysme militariste qui, depuis l'attentat des Tours Jumelles et du Pentagone, s'est emparé de la Maison Blanche et d'autres lieux privilégiés où se prennent les décisions qui affectent la vie de milliers de millions de personnes partout dans le monde. Malgré ses nobles intentions et l'honnêteté intellectuelle et politique de ses auteurs, dont je ne doute absolument pas, ce livre – salué par beaucoup comme « le *Manifeste Communiste* du XXIème siècle » ou comme la réincarnation du « petit livre rouge » pour les mal nommés « globaliphobiques » – contient des erreurs gravissimes de diagnostic et d'interprétation qui, si jamais les groupes et organisations qui s'efforcent aujourd'hui de faire échouer le capitalisme les ignorent ou les acceptent, pourraient en arriver à être la cause intellectuelle de nouveaux échecs encore plus conséquents, et pas seulement sur le plan de la théorie. C'est pour cela que nous nous sommes décidés à formuler ces critiques et à assumer les risques qu'implique la remise en question d'un texte qui pour diverses raisons, est devenu une référence théorique majeure pour les mouvements critiques de la globalisation néolibérale. Nous pensons qu'un débat franc et sincère sur les thèses exposées dans *Empire* peut être un puissant antidote contre ces dangers.

Chapitre 1

Sur les perspectives, les horizons de visibilite et les angles morts

Le peu d'attention que porte *Empire* à la littérature sur l'impérialisme surprendra certainement le lecteur de Hardt et Negri. Contrairement à Lénine ou Rosa Luxemburg qui ont minutieusement étudié les travaux sur ce sujet, nos auteurs ont choisi d'ignorer une grande partie de ce qui a été écrit à ce propos. La littérature avec laquelle ils conversent est un mélange de sciences sociales nord-américaines, en particulier d'économie politique internationale et de relations internationales, et d'une forte dose de philosophie française. Cette synthèse théorique est empaquetée dans un style et dans un langage clairement post-modernes. Le produit final en est un mélange théorique qui malgré les intentions de ses auteurs, pourrait difficilement perturber la sérénité des hommes d'argent qui, année après année, se réunissent à Davos. Logiquement, la quasi-totalité des citations proviennent de livres ou d'articles qui restent dans le cadre de l'*establishment* académique franco-américain. La considérable littérature produite en Amérique latine, en Inde, en Afrique ou dans le reste du Tiers-monde à propos du fonctionnement du système impérial et de l'impérialisme n'a même pas droit à une modeste note de bas de page. Les discussions sur le sujet au sein du marxisme classique

– Hilferding, Luxemburg, Lénine, Bouchkarine et Kautsky – doivent se contenter d'un court chapitre du volumineux livre et le prolongement de ces controverses pendant l'après-guerre occupe un espace encore plus réduit. Des noms comme Ernst Mandel, Paul Baran, Paul Sweezy, Harry Magdoff, James O'Connor, Andrew Shonfield, Ignacy Sachs, Paul Mattick, Elmar Altvater et Maurice Dobb font montre d'une remarquable absence dans un livre qui prétend apporter une nouvelle perspective sur une étape aussi inédite dans l'histoire du capital. Il n'est donc pas surprenant de constater que cet ouvrage finit par offrir une vision similaire de l'empire à ce que l'on en pense depuis les hautes sphères du pouvoir. Une vision partielle et unilatérale, incapable de percevoir la totalité du système et de rendre compte de ses manifestations mondiales au-delà de ce qui, apparemment, se passe en territoire nord-atlantique. Son horizon de visibilité est singulièrement étroit et ses angles morts sont nombreux et importants, comme nous aurons l'occasion de le démontrer tout au long de ce livre. En résumé, il s'agit d'une vision qui veut être critique et aller à la source du problème, mais qui, parce qu'elle ne peut s'émanciper du lieu privilégié depuis lequel elle observe la scène sociale de son temps – au contraire de Marx qui depuis Londres, a su faire abstraction de ce conditionnement – retombe dans les réseaux idéologiques des classes dominantes.

Comment comprendre, si ce n'est à partir des problèmes et des limitations d'une perspective irrémédiablement nord-atlantique, et pas seulement eurocentriste, la négation catégorique du rôle joué par deux institutions cruciales qui organisent, gèrent et supervisent jour après jour le fonctionnement de l'empire – le Fonds Monétaire International et la Banque Mondiale – à peine mentionnées dans les presque cinq cents pages du livre?[1] A peine six paragraphes sont réservés à l'analyse des corporations transnationales, acteurs stratégiques de l'économie mondiale, soit seulement la moitié du nombre de pages dédiées à des thèmes soi-disant aussi cruciaux et

1 Le calcul des pages dédiées à des thèmes et des auteurs a été effectué à partir de la version originale d'*Empire*, en anglais, publiée par Harvard University Press en 2002.

urgents que le « lieu de pouvoir ». Les onze pages sur les contributions de Baruch Spinoza à la philosophie politique, ou les seize sur l'exploration des méandres de la pensée de Foucault et sur sa pertinence pour comprendre l'ordre impérial peuvent difficilement paraître censées à celui qui regarde le monde non plus depuis les hauteurs du système impérial mais bien depuis sa base.

Pour toutes ces raisons et bien d'autres, *Empire* est un livre intrigant qui alterne quelques remarques lumineuses sur les anciens et les nouveaux problèmes et des erreurs d'appréciation et d'interprétation monumentales. Il ne fait pas le moindre doute que ses auteurs sont fortement impliqués dans la construction d'une bonne société et plus spécifiquement, d'une société communiste. Cet engagement apparaît plusieurs fois dans le livre et mérite notre soutien le plus enthousiaste. Mais étonnamment, malgré cette prise de parti, l'argument d'*Empire* n'a rien à voir avec la grande tradition du matérialisme historique. L'audace dont font preuve ses auteurs en déclarant leur fidélité aux idées communistes, à contre-courant des préjugés établis et du sens commun néolibéral de notre époque – « nous ne sommes pas des anarchistes, mais des communistes » (p.423), « l'irrépressible clarté et l'irrépressible joie d'être communiste » (p.496) – s'effondre comme un château de cartes lorsqu'il s'agit d'expliquer et d'analyser l'ordre impérial actuel. Le courage et la conviction discursive font alors place à l'imprécision théorico-politique et à l'inhibition. Dans ce sens, le contraste avec d'autres livres sur le sujet (comme *Accumulation on a World Scale*, *Empire of Chaos* et le plus récent *Capitalism in the Age of Globalization* de Samir Amin ; ou *The Long Twentieth Century* de Giovanni Arrighi ; ou *Year 501. The Conquest Continues* et *World Orders, Old and New* de Noam Chomsky ; ou *Production, Power, and World Order* de Robert Cox ; et les travaux d'Immanuel Wallerstein, *The Modern World System* et *After Liberalism*) est flagrant et les résultats de cette comparaison sont extrêmement défavorables à H&N (Amin, 1974, 1992, 1997 ; Arrighi, 1995 ; Chomsky, 1993, 1994 ; Cox, 1987 ; Wallerstein, 1974, 1980, 1988, 1995).

Chapitre 2

La constitution de l'Empire

Le livre commence par une section sur « la constitution politique du présent » qui suit une courte préface d'introduction de la thèse principale du livre : un empire est né et l'impérialisme a pris fin (p.18)[2]. Et pourtant, dans la première partie de livre, l'analyse de l'ordre mondial débute par une tournure incroyablement formaliste, du moins pour un marxiste : la constitution de l'empire est présentée en termes strictement juridiques. Par conséquent, l'ordre mondial apparaît non comme l'organisation internationale des marchés, des états nationaux et des classes dominantes sous la direction générale d'une véritable bourgeoisie internationale, mais sous la forme aseptisée d'une organisation formelle du système des Nations Unies. Ce choc initial s'accentue encore quand le lecteur intrigué découvre que les instruments conceptuels utilisés par H&N pour l'examen de rien de moins que le problème de l'ordre mondial sortent tout droit d'une caisse à outils aussi peu prometteuse que celle qu'utilise tout un tas d'auteurs aussi

2 A partir de maintenant, toutes les références entre parenthèses proviennent de l'édition en français de l'ouvrage publié sous le titre d'*Empire* (Paris: Exils éditeurs, 2000).

éloignés du matérialisme historique – et aussi peu utiles à une analyse de ce type de sujets – que Hans Kelsen, Niklas Luhmann, John Rawls et Carl Schmitt. Soutenus par de telles autorités, il est peu surprenant de s'apercevoir que les résultats de cette introduction de l'objet de l'étude sont bien loin d'être satisfaisants. Par exemple, la surestimation ouverte du rôle des Nations Unies dans le fameux ordre mondial conduit ces auteurs à des observations aussi ingénues que :

> « ... mais force est aussi de reconnaître que la notion de droit définie par la charte des Nations Unies suggère une nouvelle source positive de production juridique, efficace à l'échelle mondiale – un nouveau centre de production normative capable de jouer un rôle juridique souverain » (p.27).

H&N semblent ignorer que l'Organisation des Nations Unies n'est pas ce qu'elle prétend être. Par sa bureaucratie et son élitisme, elle a pour but de soutenir les intérêts des grands pouvoirs impérialistes, et très particulièrement ceux des Etats-Unis. La « production juridique » effective de l'ONU a très peu de substance et d'impact lorsqu'il s'agit de sujets qui vont à l'encontre des intérêts des Etats-Unis et/ou de ses alliés. Ces auteurs surestiment visiblement le rôle très marginal joué par l'Assemblée Générale des Nations Unies où les voix du Gabon et du Sierra Leone valent autant que celles des Etats-Unis et du Royaume-Uni. La majorité des résolutions de l'Assemblée Générale reste lettre morte si celles-ci ne sont pas activement soutenues par la puissance hégémonique et ses associés. La « guerre humanitaire » au Kosovo par exemple a été menée au nom des Nations Unies mais complètement en-dehors de l'autorité aussi bien du Conseil de Sécurité que de l'Assemblée Générale. Washington a décidé qu'une intervention était nécessaire et il en a été ainsi. Naturellement, rien de tout cela n'a le moindre rapport avec la production d'une loi universelle ou, comme le confiait Kelsen, avec le surgissement d'un « schéma transcendantal de la validité du droit supérieur à l'Etat-nation » (p.28). La nature impérialiste des « vraies »

Nations Unies, et non celles que s'imaginent nos auteurs, suffit à prouver l'irréversible faiblesse de leur affirmation lorsqu'ils disent que :

> « tel est véritablement le point de départ de notre étude de l'Empire : une nouvelle notion du droit ou plutôt une nouvelle inscription d'autorité et un projet nouveau de production des normes et des instruments légaux de coercition garantissant les contrats et résolvant les conflits » (p.32).

Cette vision à la fois fantasque et candide d'un système international soi-disant post-colonial et post-impérialiste (p.32) atteint son apogée quand ils déclarent que « toutes les interventions des armées impérialistes sont sollicitées par une ou plusieurs des parties engagées dans un conflit déjà existant » (p.39) ; ou lorsqu'ils affirment que « la première tâche de l'Empire est donc d'étendre le domaine des consensus qui soutiennent son propre pouvoir » (p.39) ; ou quand ils assurent aux lecteurs abasourdis que l'intervention de l'empire n'est plus maintenant « légitimée par le droit mais par le consensus » afin d'intervenir « au nom de principes éthiques supérieurs » comme par exemple « les valeurs essentielles de justice ». Serait-ce l'intervention « humanitaire » en ex-Yougoslavie à laquelle font allusion nos auteurs ? Et bien oui, comme nous allons le voir tout de suite. Ainsi cet incroyable nonsense leur permet de conclure que sous l'empire, « le droit de police est légitimé par des valeurs universelles » (p.42). Il est extrêmement révélateur qu'une thèse aussi radicale soit corroborée par deux références bibliographiques qui relèvent de la littérature conventionnelle sur les relations internationales et dont le biais droitiste saute aux yeux du lecteur le moins avisé. La volumineuse bibliographie sur le thème de l'interventionnisme impérialiste produite par exemple en Amérique latine par des auteurs tels que Pablo González Casanova, Agustín Cueva, Ruy Mauro Marini, Gregorio Selser, Gerard-Pierre Charles, Eduardo Galeano, Theotonio dos Santos, Juan Bosch, Helio Jaguaribe,

Manuel Maldonado Denis, entre autres, est ignorée de façon éclatante[3].

Le deuxième chapitre de cette première section est consacré à la production biopolitique. Hardt et Negri commencent par une louable intention : dépasser les limites du formalisme juridiciste par lequel ils ont initié leur parcours intellectuel descendant, selon leur propres mots, pour en arriver aux conditions matérielles qui nourrissent la trame légale et institutionnelle de l'empire. Leur intention est de « découvrir les moyens et les forces de production de la réalité sociale, ainsi que les subjectivités qui l'animent » (p.48). Malheureusement, ce si noble objectif reste purement théorique car peu à peu, les conditions matérielles invoquées « partent en fumée » pour utiliser la fameuse métaphore de Marx et Engels dans le *Manifeste* et quelques vénérables idées des sciences sociales réapparaissent avec virulence, présentées comme les dernières « découvertes » de la *rive gauche** parisienne ou du Greenwich Village new-yorkais. La théorisation de Foucault sur le passage à la société de contrôle, par exemple, correspond à la notion soi-disant dernier cri selon laquelle « le biopouvoir est une forme de pouvoir qui régit et réglemente la vie sociale à l'intérieur », ou que « la vie est devenue maintenant (...) un objet de pouvoir » (p.49).

Il serait aisé de trouver dans la longue tradition politique occidentale, qui commence pour le moins au Vème siècle avant Jésus-Christ en Grèce, des affirmations étonnamment similaires à ce que l'on appelle aujourd'hui, avec le faste qui se doit d'entourer toute avancée scientifique, le « biopouvoir ». Un rapide coup d'œil à la littérature nous permettrait d'entrevoir des

3 L'excellent livre de Saxe-Fernández, Petras, Veltmeyer et Nuñez ne nous est parvenu qu'alors que nous avions quasiment terminé ce travail, c'est pourquoi nous n'avons pu utiliser que marginalement sa richesse empirique et interprétative. Quoiqu'il en soit, nous recommandons au lecteur de puiser dans ce texte pour approfondir quelques-unes des analyses effectuées dans ces pages.

*En français dans le texte (N.d.T.).

dizaines de citations d'auteurs comme Platon, Rousseau, Tocqueville et Marx, pour ne mentionner que les plus évidents, qui font exactement référence à quelques-unes des « grandes nouveautés » produites par les sciences sociales du XXème siècle. L'insistance de Platon sur les aspects psychosociaux – qu'il appelait le « caractère des individus » – qui régulaient la vie sociale et politique de la polis athénienne est connue de tous, tout comme celle du jeune Marx sur le thème de la « spiritualisation de la domination » de la bourgeoisie de la part des classes exploitées. Ce fut Rousseau, cette fois, qui signala l'importance du processus par lequel les dominés sont induits à croire que l'obéissance est un devoir moral, de telle sorte que la désobéissance et la rébellion deviennent de fortes sources de conflit pour les consciences individuelles. En résumé, il serait certainement extrêmement instructif pour H&N, trop éblouis par les innovations théoriques de Foucault – auteur qui mérite sans aucun doute notre respect – de lire, par exemple, ce qu'avait écrit Alexis de Tocqueville un siècle et demi avant : « chaînes et bourreaux, voilà les instruments qu'employait autrefois la tyrannie; mais de nos jours la civilisation a perfectionné jusqu'au despotisme, qui semblait pourtant n'avoir plus rien à apprendre ». Et il continue en disant que le tyran d'antan « pour arriver à l'âme, blessait grossièrement le corps ; et l'âme, échappant aux coups, s'élevait glorieusement au-dessus de celui-ci » ; la tyrannie moderne en revanche « ne s'occupe pas du corps et va droit à l'âme » (Tocqueville, 1957: p.261, traduction personnelle). Ce passage des chaînes et des bourreaux à la manipulation individuelle et au contrôle idéologique et comportemental a été rebaptisé par Foucault la transition de la société disciplinaire à la société de contrôle. Mais, comme nous le savons, c'est une chose de baptiser et de rebaptiser un nouveau-né et c'en est une autre de le découvrir. Dans ce cas, le nouveau-né avait déjà été découvert et avait un nom. Foucault, avec son habileté habituelle, n'a fait que mettre un nom tout neuf (et bien attractif) à ce que tout le monde connaissait déjà, mais en aucune façon l'on ne peut dire que nous sommes en présence d'une innovation théorique fondamentale.

La première section du livre se conclut par un chapitre dédié rien de moins qu'aux alternatives à l'intérieur de l'empire. Le chapitre commence par une affirmation aussi radicale que déconcertante : c'est la multitude qui a donné naissance à l'empire (p.72). Contrairement aux interprétations les plus courantes au sein de la gauche, selon H&N, l'empire ne serait pas la création d'une coalition mondiale des capitalistes où règnerait l'hégémonie de la bourgeoisie nord-américaine mais bien la réponse – défensive ? – du capital aux luttes des classes contre les formes contemporaines de domination et d'oppression alimentées par « le désir de libération de la multitude » (p.72). Arrivés à ce point, H&N s'aventurent sur un terrain miné par les contradictions : ils insistent sur le fait que l'empire est bon puisqu'il représente un « pas en avant » dans le dépassement du colonialisme et de l'impérialisme car avec Hegel pour intermédiaire, ils affirment que le fait que l'empire « [soit] bon *en soi* ne signifie pas qu'il [soit] bon *pour soi* » (p.72). Et ils poursuivent : « nous prétendons que l'Empire est meilleur, de la même façon que Marx affirmait que le capitalisme était meilleur que les formes de société et les modes de production qui l'avaient précédé » (p.73). Néanmoins, quelques lignes plus haut, ces auteurs disaient que l'empire « construit (...) ses propres relations de pouvoir fondées sur l'exploitation qui sont, à maints égards, plus brutales que celles qu'il a détruites » (p.72). Malgré cela, l'empire est « meilleur » car il est dit qu'il augmente le potentiel de libération de la multitude, présupposé qu'aucune expérience concrète ne vient confirmer et qui, dans la cas de H&N, est entouré d'un dense halo métaphysique et dans un certain sens, religieux, comme nous pourrons le constater dans les pages finales de ce travail. Où se trouve ce fameux potentiel libérateur et comment d'aussi prometteuses possibilités pourraient se réaliser, voilà deux points que les auteurs se gardent d'expliquer, brièvement et incomplètement, avant le dernier chapitre.

D'autre part, dire que l'empire est « meilleur » signifie que l'ordre capitaliste mondial actuel – et ceci est précisément l'empire – est distinct du capitalisme. L'argument de Marx se référait à deux modes de production différents et comparait les possibilités et les perspectives ouvertes par le capitalisme avec celles qu'offrait la décomposition du féodalisme. Les auteurs voudraient-ils dire que l'empire représente le dépassement du capitalisme ? L'aurions-nous transcendé sans que personne n'ait remarqué cette fabuleuse transition historique ? Nous trouvons-nous maintenant dans une autre société meilleure, pleine de nouvelles possibilités pour l'émancipation et la libération ?

Il nous semble que H&N construisent ici un homme de paille, le gauchiste irrationnel et imperturbable, qui face aux défis de la globalisation, persiste à opposer une résistance locale à un processus qui est par nature mondial. Local veut dire, dans la plupart des cas, « national », mais cette distinction n'a aucune place dans leur analyse. La résistance locale, disent-ils, « identifie mal l'ennemi et le masque par-là même ». Mais alors, puisque H&N veulent parler sérieusement de politique – et sans que cela soit en aucun cas une concession, même formelle, à Schmitt mais bien, en revanche, à Clausewitz, Lénine et Mao – qui est l'ennemi ? La réponse ne pourrait être plus décevante : « l'ennemi est un régime spécifique de relations mondiales que nous appelons l'Empire » (p.75). Les luttes nationales obscurcissent la vision des mécanismes réels de l'empire, des alternatives effectives et des potentiels libérateurs qui s'agitent en son sein. De cette façon, les masses opprimées et exploitées du monde entier sont convoquées à une bataille finale contre un régime de relations globales. Ce cher Don Quichotte réapparaît une fois de plus, après plusieurs siècles de repos, et se rue sur de nouveaux moulins à vent tandis que les sordides meuniers, protégés de la furie de la multitude, continuent leurs affaires, en gouvernant leurs pays et en manipulant la culture.

H&N voient dans l'empire le dépassement historique de la modernité, époque dont ils ont une vision un tant soit peu déformée. En effet, pour eux, la modernité a laissé un héritage de « guerres fratricides, de 'développements' dévastateurs, de 'civilisation' cruelle et de violence jamais imaginée auparavant » (p.76). La scène que représente la modernité est une tragédie, caractérisée par la présence des « camps de concentration, armes nucléaires, génocides, esclavage, *apartheid* » et directement liée à l'état-nation. Celui-ci n'est rien d'autre que la « condition obligatoire pour la domination impérialiste et les guerres innombrables » et si aujourd'hui une telle aberration « est en voie de disparition de la scène du monde, alors bon débarras ! » (p.76).

Cette interprétation particulière de la modernité pose plusieurs problèmes : tout d'abord, leur erreur consiste à apporter une lecture extrêmement unilatérale et biaisée de ce concept. H&N ont raison d'énumérer quelques-unes des horreurs produites par la modernité (ou peut-être « dans » la modernité et pas nécessairement à cause d'elle), mais ils oublient en chemin certains de ses résultats comme les libertés individuelles ; la relative égalité établie dans les sphères économique, politique et sociale, du moins dans les capitalismes développés ; le suffrage universel et la démocratie de masse ; l'avènement du socialisme, malgré la frustration de quelques expériences concrètes comme celle de l'Union Soviétique ; la sécularisation et l'état laïc qui ont émancipé les foules de la tyrannie de la tradition et de la religion ; la rationalité et l'esprit scientifique ; l'éducation populaire ; le progrès économique et bien d'autres réussites encore. Tout cela fait aussi partie de l'héritage de la modernité, et pas seulement les atrocités que signalent nos auteurs ; et beaucoup de ces réussites ont été atteintes grâce à la ténacité des luttes populaires contre les bourgeoisies. De plus, H&N croient-ils vraiment qu'avant la modernité, aucune des plaies et des aberrations dont a souffert le monde moderne n'existait ? Ils pensent peut-être que le monde était réellement peuplé par les bons sauvages rousseauistes ? Ne se trouvent-ils pas dans la même position que les critiques béatifiés de Nicolas Machiavel qui ont accusé le théoricien florentin d'être l'« inventeur » des crimes politiques, de la trahison et du mensonge ? N'ont-ils pas entendu parler des Guerres Puniques ou de celles du Péloponnèse, de la destruction de Carthage, du saccage de Rome et, plus récemment, de la conquête et de l'occupation du territoire américain ? Croient-ils qu'avant la modernité, il n'y avait ni génocide, ni *apartheid*, ni esclavage ? Comme le rappelle si bien Marx, nous souffrons autant du développement du capitalisme que de son absence de développement.

Quoiqu'il en soit, une fois posé le lien historique et constitutif entre la modernité et l'état-nation, H&N s'empressent de rejeter le désuet « international prolétaire » puisque celui-ci impliquerait de reconnaître l'état-nation et son rôle crucial en tant qu'agent de l'exploitation capitaliste. La décadence des pouvoirs de l'état-nation étant inéluctable et la nature du capitalisme, mondiale, ce type d'internationalisme devient complètement anachronique et techniquement réactionnaire. Mais ce n'est pas tout : avec l'« international prolétaire » disparaît également l'idée de l'existence d'un « cercle international de luttes ». Les nouvelles luttes, dont les exemples paradigmatiques sont la révolte de la Place Tienanmen, l'Intifada, les émeutes raciales de Los Angeles en 1992, le soulèvement zapatiste de 1994, les grèves citoyennes de 1995 en France et les grèves sud-coréennes de 1996, ont été spécifiques et motivées :

> « par des intérêts régionaux immédiats, si bien qu'on ne peut en aucune façon les relier entre elles comme maillons d'une chaîne de révolte. Aucun de ces événements n'a inspiré un cycle de luttes, parce que les désirs et les besoins qu'ils exprimaient ne pouvaient pas être 'traduits' et transposés d'un contexte à l'autre » (p.85).

A partir d'une affirmation aussi radicale – qui de fait requerrait quelques preuves – les auteurs annoncent un nouveau paradoxe : « à notre époque de communication tant célébrée, *les luttes sont devenues incommunicables* » (p.85, en italique dans l'original). Les raisons de cette incommunicabilité restent bien floues, mais personne ne devrait désespérer face à cette impossibilité d'une communication horizontale des rebelles car en réalité, c'est une bénédiction et non un malheur. H&N calment les impatiences des lecteurs en leur assurant que, dans la logique de l'empire, ces luttes vont permuter verticalement au niveau mondial, attaquant la constitution impériale dans son cœur même ou, ce qu'ils appellent en un glissement significatif, en sautant verticalement au « centre virtuel de l'Empire » (p.89).

L'argument des auteurs est ici à nouveau menacé et encore plus sérieusement cette fois. En premier lieu, par la très dangereuse confusion entre supposés axiomatiques et observations empiriques. Dire que les luttes populaires sont incommunicables est certainement une déclaration de la plus haute importance, mais malheureusement H&N n'offrent aucune piste pour discerner s'il s'agit d'une simple supposition ou du résultat soit d'une recherche historique, soit d'une investigation empirique. Il y a bien trop de raisons de suspecter, devant ce silence, que cette problématique reflète là l'influence malsaine de Niklas Luhmann et Jürgen Habermas. Il n'est pas nécessaire d'étudier en profondeur la nébuleuse conceptuelle des académiciens allemands pour se rendre compte que leurs élaborations sont bien peu utiles à l'analyse de la dynamique des luttes populaires, ce qui n'empêche pas que l'un comme l'autre soient extrêmement populaires dans les rangs déboussolés de la gauche italienne. En ce sens, les arguments luhmanniens sur l'incommensurabilité du social et ceux d'Habermas sur l'action communicative semblent avoir beaucoup gravité autour de la théorie de H&N, du moins dans une plus grande mesure que ce qu'ils veulent bien admettre. Mais laissons de côté ce bref *excursus* vers le terrain de la sociologie de la connaissance. Si l'incommunicabilité des luttes empêche d'enflammer les désirs et les besoins des peuples d'autres latitudes, comment expliquer l'impressionnante rapidité avec laquelle le mouvement mal nommé « anti-globalisation » s'est diffusé dans le monde entier ? H&N croient-ils vraiment que les événements du Chiapas, de Paris et de Séoul ont été absolument incommunicables ? Comment ignorer que les Zapatistes, et tout spécialement le sous-commandant Marcos, sont devenus les icônes internationales des critiques de la globalisation néolibérale et des luttes anti-capitalistes des cinq continents, ce qui leur confère une influence primordiale dans le développement des luttes locales et nationales ?

En deuxième lieu, H&N soulignent qu'un des principaux obstacles à la communicabilité des luttes est « l'absence d'un ennemi commun contre qui les luttes seraient dirigées » (p.87-88). Nous ne savons pas si cela a été le cas parmi les grévistes français et sud-coréens, mais nous avons de bonnes raisons de penser qu'ils auraient certainement les idées plus claires que nous sur l'identité des protagonistes en question. En ce qui concerne les zapatistes, la thèse de H&N est complètement fausse. Même au tout début de leur lutte, ceux-ci n'ont jamais douté et ont toujours eu parfaitement connaissance, bien mieux que nous, de l'identité de leurs ennemis. Conscients de cette réalité, ils ont organisé un événement en tous points extraordinaire dans les tréfonds de la Forêt Lacandona : une conférence internationale contre la globalisation néolibérale à laquelle ont assisté des centaines de participants, venus de tous les coins du monde discuter des problèmes les plus brûlants de l'actualité. La capacité dont ont fait preuve les zapatistes à convoquer à une conférence de ce type réfute, dans la pratique, une autre des thèses de H&N : l'inexistence d'un langage commun adéquat qui permettrait de traduire celui utilisé dans les différentes luttes nationales en un esperanto commun et cosmopolite (p.88). Les conférences successives qui ont eu lieu dans la Forêt Lacandona, ajoutées à l'interminable série de manifestations contre la globalisation néolibérale et la réalisation de deux forums mondiaux dans la ville de Porto Alegre, démontrent que, contrairement à ce qu'insinue *Empire*, il y a bien un langage commun et une compréhension commune entre les différentes luttes qui se mettent en place dans le monde entier contre la dictature du capital.

Si les anciennes luttes ne sont déjà plus d'actualité (la vieille taupe de Marx est morte, nous assurent H&N, et a été remplacée par les ondulations infinies du serpent post-moderne), la stratégie des luttes anti-capitalistes doit changer. Les conflits nationaux ne se communiquent déjà plus horizontalement mais sautent directement au centre virtuel de l'empire, et les vieux « maillons les plus faibles » de la chaîne impérialiste ont disparu. Les articulations du pouvoir mondial, particulièrement vulnérables à l'action des forces insurgées, n'existent déjà plus. Par conséquent, « pour avoir de l'importance, chaque conflit doit frapper au cœur de l'Empire, au lieu de sa force » (p.90). Etonnamment, après avoir démontré dans la préface du livre que l'empire « est un appareil décentralisé et déterritorialisé de gouvernement » (p.17), ils s'appuient maintenant sur une nouveauté : les luttes sociales et nationales doivent s'élever au centre de l'empire, bien que les auteurs s'empressent de préciser qu'il ne s'agit pas d'un centre territorial mais, soi-disant, virtuel. Si l'empire inclut tous les registres de l'ordre social, jusqu'aux plus profonds, et qu'il n'a ni limites ni frontières, même les notions de « dehors » et « dedans » perdent tout leur sens. Désormais tout est dans l'empire, et son noyau même, son cœur, peut être attaqué de partout. Si l'on en croit H&N, le soulèvement zapatiste au Chiapas, les invasions du Mouvement des Travailleurs sans Terre (MST) brésilien ou les mobilisations des *caceroleros*[4]et des *piqueteros*[5] en Argentine

4 Nom donné aux manifestants qui tapent sur des casseroles en signe de mécontentement (N.d.T).

5 Mouvements de travailleurs au chômage, apparus il a six ans et dont les protestations s'expriment en grande partie à travers des barrages de route. Ces organisations sociales constituent également, dans la plupart des cas, des réseaux de solidarité sociale, à travers l'implantation de cantines gratuites ou de structures de soutien scolaire dans les quartiers les plus défavorisés (N.d.T).

sont du même ordre que les attentats du 11 septembre 2001 à New York et Washington. En est-il ainsi ? A en juger par les différentes réactions provoquées par ces événements respectifs, il semble que ce point de vue ne soit pas exactement partagé par « le cœur de l'empire ». D'autre part, quel est le sens de cette expression ? Parle-t-on ou non du cœur capitaliste, du centre, de la coalition impérialiste et son immense réseau de cercles concentriques avec pour noyau le pouvoir capitaliste nord-américain ? Qui sont les sujets concrets du « cœur de l'empire » ? Où se trouvent-ils, comment s'articulent-ils avec les processus de production et de circulation de l'économie capitaliste internationale, quelles institutions déterminent normativement et idéologiquement leur domination, quels en sont leurs représentants politiques ? Ou s'agit-il seulement d'un ensemble de règles, de procédures immatérielles ? Le problème n'est pas tant que ce livre n'offre aucune réponse à toutes ces questions, mais surtout qu'il ne les formule même pas.

Arrivée à ce point, la théorisation de H&N va droit au désastre car en postulant que tout est dans l'empire, ils écartent complètement de nos horizons de visibilité le fait que c'est précisément là que se trouvent les hiérarchies et les asymétries structurelles, et que de telles différences ne s'éliminent pas par la simple déclaration formelle que tout est dans l'empire et que rien n'est en-dehors de lui. Les études que les latino-américains ont faites sur l'impérialisme pendant des décennies paraissent s'accorder, par-delà leurs différences, sur le fait que les catégories de « centre » et de « périphérie » jouissent d'une certaine capacité, du moins dans un premier temps, à fournir une vision plus précise du système international. Tout semble indiquer qu'une telle distinction est plus utile que jamais dans le contexte actuel, entre autres parce que la marginalisation économique croissante du Sud a extraordinairement accentué les asymétries déjà présentes. Il suffit, pour confirmer cette constatation, de rappeler les rapports annuels du Programme des Nations Unies pour le Développement (PNUD) sur le développement humain : si au début des années soixante, la distance qui séparait les 20% les plus riches de la population mondiale des 20% les plus pauvres était de 30 à 1, à la fin du XXème siècle, ce ratio s'élevait à presque 75 à 1. Il est certain que le Bangladesh et Haïti sont dans l'empire, mais sont-ils pour autant dans une situation comparable à celle des Etats-Unis, de la France, de l'Allemagne ou du Japon ? Si, effectivement, ils ne sont pas identiques du point de vue de la production et de la circulation capitalistes, entre « les Etats-Unis et le Brésil, l'Angleterre et l'Inde » – notent H&N – « il n'y pas (...) de différences de nature, simplement des différences de degré » (p.406).

Cette conclusion catégorique annule les dernières quarante années de débats et d'investigations qui ont eu lieu non seulement en Amérique latine mais également dans le reste du Tiers-monde, et nous renvoie aux théories nord-américaines en vogue dans les années cinquante et au début des années soixante, lorsque des auteurs comme Walter W. Rostow, Bert Hoselitz et bien d'autres élaboraient leurs modèles ahistoriques de développement économique. Dans la même perspective, aussi bien en Europe et aux Etats-Unis de la même époque que dans les processus historiques de la moitié du XXème siècle en Amérique latine, en Asie et en Afrique, la croissance économique aurait suivi un chemin linéaire et évolutionniste qui, partant du sous-développement, aboutirait au développement. Ce raisonnement se fonde sur deux présupposés incorrects : tout d'abord, que les sociétés situées aux extrêmes de cette ligne étaient de même nature et pour l'essentiel, égales. Leurs différences, s'il y en avait, n'étaient qu'une question de nuances, comme allaient le dire plus tard H&N, ce qui était – et reste – faux en tous points. Deuxième présupposé : l'organisation des marchés internationaux ne comprenait aucune asymétrie structurelle qui puisse affecter les chances de développement des nations de la périphérie. Pour des auteurs tels que ceux que nous venons de mentionner, des termes comme « dépendance » ou « impérialisme » ne servaient pas à décrire les réalités du système et étaient avant tout un tribut à des points de vue politiques et du même coup, non-scientifiques, à travers lesquels on prétendait comprendre le développement économique. Les dénommés « obstacles » au développement n'avaient pas de fondement structurel mais étaient le produit de décisions politiques maladroites, de choix peu heureux des gouvernants ou de facteurs inertes facilement réversibles. Dans les termes employés par H&N, tous étaient « dans » le système.

Dans ce retour imaginaire au passé, il convient de rappeler ceci : au début des années soixante-dix, le débat latino-américain sur la dépendance, l'impérialisme et le néocolonialisme avait atteint son apogée et résonnait jusque dans l'académie et dans les milieux politiques nord-américains. Son impact était si fort qu'Henry Kissinger, à l'époque chef du Conseil National de Sécurité et bientôt secrétaire d'Etat de Richard Nixon, a jugé nécessaire d'intervenir en plusieurs occasions dans les discussions et débats suscités par les latino-américains. La thèse de H&N sur l'indifférenciation des nations à l'intérieur de l'empire nous évoque un commentaire cynique que Kissinger fit à ce sujet. Manifestant son rejet de l'idée de la dépendance économique des nations du Tiers-monde et niant l'extension et l'importance des asymétries structurelles dans l'économie mondiale, Kissinger observa qu'« aujourd'hui nous sommes tous dépendants. Nous vivons dans un monde interdépendant. Les Etats-Unis dépendent des bananes honduriennes tout comme le Honduras dépend des ordinateurs nord-américains »[6]. Comme l'on peut très aisément le conclure, certaines des affirmations exprimées catégoriquement dans *Empire* – par exemple qu'il n'y a plus de différences entre le centre et la périphérie du système, qu'il n'y a plus d'« en-dehors », que les acteurs ont de simples différences de degré, etc. – sont loin d'être novatrices et ont été mises en

6 Henry Kissinger est considéré par le romancier et essayiste nord-américain Gore Vidal comme « le plus remarquable criminel de guerre en liberté dans le monde » (traduction personnelle). Cf. Saxe-Fernández et Petras, 2001, p.25.

circulation par des théoriciens de droite par excellence qui opposaient une théorie de l'« interdépendance » à la dépendance et à l'impérialisme, et qui refusaient d'accepter la radicale asymétrie qui séparait les nations du centre de celles de la périphérie du système.

H&N achèvent cette section du livre en présentant l'aigle à deux têtes, ancien symbole de l'Empire austro-hongrois, comme l'emblème parfait pour l'actuel empire. Cependant il leur faut, pour cela, effectuer une petite modification : les deux têtes devraient regarder vers l'intérieur, comme si elles étaient sur le point de s'attaquer l'une à l'autre. La première tête de l'aigle impérial représente la structure juridique – et non le fondement économique – de l'empire. Comme nous l'avons fait remarquer, il y a très peu d'économie politique dans ce livre et l'absence ne serait-ce que de la mention la plus élémentaire de la structure économique de l'empire dans ce qui est proposé comme son image emblématique révèle les étranges sentiers sur lesquels se sont aventurés, et se sont définitivement perdus, nos auteurs. Car la seconde tête de l'aigle, qui fixe celle qui représente l'ordre juridique de l'empire, symbolise « la multitude plurielle des subjectivités productives et créatrices de la mondialisation » (p.92). Cette multitude est la véritable

> « force absolument positive qui pousse le pouvoir dominant vers une unification abstraite et vide, pour laquelle il apparaît comme la solution de remplacement. De ce point de vue, si le pouvoir constitué de l'Empire apparaît comme une pure et simple privation d'être et de production, comme une simple trace abstraite et vide du pouvoir constituant de la multitude, alors nous serons en mesure d'identifier le véritable point de vue de notre analyse. » (p.94-95)

Conclusion : cette section du livre n'est d'aucune utilité pour ceux qui souhaitent explorer les alternatives à l'empire. Ils y trouveront, en revanche, un certificat de décès de l'archaïque

« international prolétaire » (sans la moindre allusion au nouvel internationalisme qui surgit avec force depuis Seattle)[7] ; une pétition de principe sur le fait que les luttes populaires sont incommunicables et qu'elles n'ont pas de langage commun ; un silence embarrassé sur l'ennemi concret qu'affronte l'omnipotente multitude ou, dans le meilleur des cas, l'évocation d'un brouillard démobilisateur (« un régime de relations mondiales ») ; la disparition des « maillons les plus faibles » et de la distinction entre centre et périphérie ; et l'effondrement de la vieille distinction entre stratégie et tactique parce qu'il n'existe désormais qu'une manière, à la fois stratégique et tactique, de lutter contre l'empire et cette manière, c'est le soulèvement d'un contre-pouvoir constitutif qui émergerait de son sein, chose difficile à comprendre à la lumière du mépris que manifestent H&N à l'égard de la dialectique. L'unique leçon que l'on puisse tirer est que nous devons nous en tenir à la certitude que la multitude en viendra finalement à assumer les fonctions que lui assignent H&N. Quand et comment, voilà qui échappe complètement aux préoccupations qui les occupent dans ce livre. L'on n'y trouvera aucune réflexion sur les formes de lutte ; sur les modèles organisationnels (en supposant, comme le font les auteurs, que les partis et les syndicats sont d'illustres cadavres) ; sur les stratégies de mobilisation ni sur les tactiques d'affrontement ; sur l'articulation entre les luttes économiques, politiques et idéologiques ; sur les objectifs à long terme ni sur la planification de la révolution ; sur les instruments de politique qui pourraient servir à mettre fin aux inégalités du capitalisme mondial ; sur les alliances internationales ; sur les aspects militaires de la subversion promue par la multitude ; ni encore sur bien d'autres thèmes aussi essentiels. *Empire* ne contient pas non plus de tentative pour relier l'actuelle discussion post-

---

7 Sur ce point précis, je recommande la lecture de la compilation préparée dans le numéro de l'*Observatorio Social de América Latina* (Observatoire Social de l'Amérique latine) de CLACSO (Conseil Latino Américain des Sciences Sociales) dédié au « nouvel impérialisme » avec des textes de Noam Chomsky, Ana Esther Ceceña, Christophe Aguiton, Rafael Freire, Walden Bello, Jaime Estay et Fransisco Pineda, Cf. OSAL, N°6, janvier 2002.

moderne sur l'entreprise subversive des multitudes avec les débats préalables du mouvement ouvrier et des forces contestataires en général, comme si la phase dans laquelle nous nous trouvions n'avait pas surgi du déchaînement des luttes sociales passées mais avait, au contraire, émergé du cerveau des philosophes. Ce qu'il y a par contre dans cette partie du livre, c'est une vague exhortation à avoir confiance dans les potentialités transformatrices de la multitude qui, de manière mystérieuse et imprévisible, verra ses forces et sa résistance redoubler, soumettant ainsi ses ennemis pour... pour quoi faire au juste, pour construire quel type de société ? Et bien, ses mentors intellectuels ne le disent pas encore.

Chapitre 3

Marchés, entreprises transnationales et Économies nationales

Une confusion récurrente

La manière si candide dont Hardt et Negri acceptent un aspect aussi crucial de l'idéologie du marché mondial trahit de façon évidente leur incompréhension radicale du capitalisme contemporain. Inexplicablement obsédés par le mythe en rien innocent de la quasi-disparition des états nationaux, les auteurs adoptent, comme s'il s'agissait de la vérité du prophète, l'opinion de l'ex-secrétaire du Travail des Etats-Unis, Robert Reich comme quoi :

> « presque tous les facteurs de production – argent, technologie, usines et équipements – franchissent sans effort les frontières, l'idée même d'économie [nationale] perd sa signification. [Dans l'avenir] il n'y aura pas de technologies ou de produits *nationaux*, pas d'industries *nationales*. Il n'y aura plus d'économies nationales, au moins dans le sens où nous entendons actuellement ce concept » (p.195)

Il est difficile de croire qu'un intellectuel du calibre de Toni Negri qui, par le passé, a démontré un si fort intérêt pour les études économiques, puisse citer une telle opinion. Tout d'abord, Reich parle astucieusement de « presque tous les facteurs de la production », manière élégante d'éviter le fait embarrassant qu'il existe un autre facteur crucial de la production, la force de travail, qui « ne traverse pas les frontières sans effort ». Cette foi en la libre mobilité des facteurs de production prend sa source dans le noyau fondamental de l'idéologie patronale nord-américaine, entêtée qu'elle est à embellir les soi-disant vertus du libre marché tout en condamnant tout type d'intervention de l'état qui ne favoriserait pas les monopoles et les oligopoles ou qui introduirait ne serait-ce qu'un très faible contrôle populaire ou démocratique sur les processus économiques. H&N semblent ignorer, depuis leur passerelle dans la stratosphère, que Reich a été secrétaire du Travail d'un gouvernement qui a dirigé l'une des époques les plus dramatiques de reconcentration des revenus et des richesses dans toute l'histoire des Etats-Unis, où les salariés ont assisté au démantèlement de quelques-unes des pièces majeures de la législation du travail et à une précarisation sans précédent non seulement dans les districts ruraux d'Alabama ou de Californie mais aussi dans le Upper West Manhattan, où des centaines de commerces recrutaient des immigrants sans-papiers pour servir les clients à des salaires bien inférieurs au minimum légal. Peut-être que nos deux académiciens n'ont pas pu se rendre compte, dans le confort de leurs bibliothèques, qu'aucun de ces immigrants illégaux ne traversait sans effort les frontières nord-américaines ou françaises. L'histoire de ces immigrants est faite de violence et de mort, de douleur et de misère, de souffrances et d'humiliations, et l'acteur crucial de cette histoire est ce que H&N considèrent comme l'état-nation déclinant. Il aurait été bienvenu qu'avant d'écrire sur ces sujets les auteurs rencontrent quelques travailleurs sans-papiers venant du Mexique, du Salvador ou d'Haïti pour leur demander ce que signifie l'expression « *la migra* », nom de la police d'immigration aux Etats-Unis et dont la seule mention suffit à terroriser les immigrants ; ou qu'ils les interrogent sur le prix qu'ils ont eu à payer pour rentrer illégalement aux Etats-Unis, combien de leurs amis sont morts dans cette tentative, ou que veut dire le mot « coyote » à la frontière californienne. Ont-ils entendu parler des immigrants trahis, abandonnés dans le désert frontalier et morts brûlés par le soleil mais consolés par les mots de Reich ? Peuvent-ils ignorer que la frontière entre le Mexique et les Etats-Unis a fait plus de victimes humaines que l'infâme Mur de Berlin pendant toute son existence ? Il faudrait également poser ces questions aux immigrants illégaux en France et dans le reste de l'Europe. Un rapide coup d'œil à quelques-uns des documents du PNUD ou de l'Organisation Internationale du Travail (OIT) aurait épargné à H&N de commettre une si grave erreur.

Ce n'est pas la seule, bien sûr. Ces auteurs croient que l'argent, la technologie, les usines et l'équipement jouissent aussi d'une mobilité illimitée. L'argent est sans doute le plus mobile de tous ces facteurs, même s'il est encore sujet à certaines restrictions qui ne sont pas extrêmement rigides, mais qui sont bien réelles. Mais que penser de la technologie et de tout le reste ? Croient-ils vraiment que celle-ci et les autres facteurs de production traversent librement les frontières comme le clame Reich ? Et quelle technologie de toute façon ? Celle de la dernière génération ? Même un enfant de primaire sait cela. Il est évident que la technologie et ses produits circulent, mais celle qui voyage si librement n'est certainement ni la dernière ni la meilleure. Les pays du Tiers-monde savent qu'ils peuvent accéder sans problèmes aux technologies obsolètes ou semi-obsolètes, véritables reliques abandonnées par les nations en tête du concert industriel de la planète. Si les meilleures technologies circulaient de manière aussi fluide que l'assure le discours patronal, pourquoi y aurait-il autant d'espionnage industriel dans tous les pays industrialisés ? Comment expliquer le piratage industriel, les imitations et copies illégales de toutes sortes de technologies et de produits ?

Le fait que H&N acceptent certains des présupposés centraux des idéologues de la globalisation est un indice extrêmement inquiétant. Leur foi dans la disparition des produits, des entreprises et des industries nationales est absolument indéfendable face à la preuve quotidienne de l'ampleur, surtout dans les pays développés, des barrières et tarifs douaniers, des subventions spéciales à travers lesquelles les gouvernements cherchent à favoriser de mille façons leurs produits nationaux, leurs entreprises et leurs activités économiques. Ces auteurs vivent dans des pays où le protectionnisme constitue une forteresse extraordinaire, qui ne peut être ignorée que par ceux qui s'évertuent à la nier simplement parce que celle-ci n'a pas sa place dans leur théorie. Le gouvernement nord-américain protège les habitants de son pays de la concurrence externe des fraises mexicaines, des voitures brésiliennes, des tuyaux sans soudure d'Argentine, des textiles du Salvador, des raisins chiliens et de la viande d'Uruguay tandis que, de l'autre côté de l'Atlantique, les citoyens européens sont bien protégés par la « Forteresse Europe » qui, alors qu'elle clame hypocritement les vertus du libre marché, ferme hermétiquement ses portes à la « menace » venant des vibrantes économies d'Afrique, d'Amérique latine et d'Asie.

En ce qui concerne la dite disparition des entreprises nationales, un simple test suffirait à démontrer l'erreur malsaine de cette thèse. H&N devraient essayer, par exemple, de convaincre un gouvernement ami ou n'importe quelle multitude prête à tout, d'exproprier une succursale locale d'une firme « globale » – et donc normalement détachée de toute base nationale – comme Microsoft, McDonald's ou Ford ; ou si l'on préfère, ils peuvent demander que l'on fasse de même avec la Deutsche Bank ou Siemens, ou avec Shell et Unilever. Ensuite, il suffit de s'asseoir et d'attendre de voir qui apparaît dans la capitale de cette république assez audacieuse pour exiger une révision de la mesure. Si les entreprises étaient mondiales, il serait logique que ce soit M. Kofi Annam ou le Directeur de l'Organisation Mondiale du Commerce (OMC) qui fasse son apparition pour faire pression sur le gouvernement, au nom des marchés globaux et de l'économie mondiale. Pourtant, il est probable qu'à la place de ces personnages, apparaisse l'ambassadeur des Etats-Unis, ou d'Allemagne, ou du Royaume-Uni, pour exiger, avec leur rudesse et leur arrogance habituelles, l'annulation immédiate de la décision sous peine de punir le pays de sanctions en tous genres et autres pénalités. Si cette proposition paraît trop compliquée, il suffit que H&N se demandent, par exemple, par qui a été représentée la Boeing Corporation dans les dures négociations avec les fonctionnaires de l'Union Européenne sur la concurrence commerciale avec Airbus. Croient-ils vraiment que les intérêts de la première ont été défendus par un PDG café au lait venu du Bangladesh et ayant fait ses études supérieures en Administration d'entreprises à Chicago, ou par les plus hauts fonctionnaires du gouvernement nord-américain à travers son ambassadeur à Bruxelles en communication directe avec la Maison Blanche ? Dans le monde réel, et non dans la nébuleuse république imaginée par les philosophes, c'est ce à quoi l'on s'attend le moins qui arrive toujours. Tout étudiant en Introduction à l'Economie le sait au bout de deux semaines de cours.

H&N peuvent-ils ignorer que les deux cents méga-corporations qui dominent les marchés mondiaux enregistrent des ventes annuelles dont la somme est supérieure à la totalité des pays de la planète sauf les neuf plus puissants ? Leurs revenus totaux atteignent chaque année 7,1 billions de dollars et sont aussi importants que la somme des richesses de 80% de la population mondiale, dont les revenus s'élèvent à peine à 3,9 billions de la même monnaie[8]. Malgré cela, ces gigantesques léviathans de l'économie mondiale emploient moins de 1% de la population mondiale (Barlow, 1999). La rhétorique des idéologues de la globalisation néolibérale ne suffit pas à dissimuler le fait que 96% de ces deux cents entreprises globales

---

8 Rappelons-nous qu'un billion, en français, équivaut à un million de millions.

et transnationales ont leur maison mère dans huit pays, sont légalement inscrites dans les registres des sociétés anonymes de huit pays et que leur direction siège dans huit pays du capitalisme métropolitain. Moins de 2% des membres de leur direction sont étrangers alors que 85% de tous les développements technologiques de ces firmes s'effectuent au sein de leurs « frontières nationales ». Leur portée est mondiale, mais leur propriété et leurs propriétaires ont une base nationale évidente. Leurs bénéfices confluent du monde entier jusqu'à leur siège et les crédits nécessaires au financement de leurs opérations mondiales sont obtenus à leur convenance par leur centre, dans des banques de leur siège national à des taux d'intérêt impossibles à trouver dans les capitalismes périphériques, ce qui leur permet aisément de dépasser leurs concurrents (Boron, 1999: p.233 ; Boron, 2000[b] : p.117-123).

Noam Chomsky cite, par exemple, un rapport récent de la revue d'affaires *Fortune* qui nous informe que dans une enquête effectuée parmi les cent plus grandes entreprises transnationales du monde entier, toutes les firmes, sans exception, ont reconnu avoir bénéficié, d'une façon ou d'une autre, des interventions faites en leur faveur par les gouvernements de « leurs pays » et 20% admettent avoir évité la faillite grâce aux subventions et aux prêts de soutien que leur ont opportunément concédés « leurs gouvernements » (Chomsky, 1998 ; Kapstein, 1991/2). En somme, malgré les dires des auteurs d'*Empire*, les états-nations sont encore des acteurs cruciaux dans l'économie mondiale et les économies nationales existent toujours.

Sur la logique post-moderne du capital global

Dans la droite ligne de l'argument développé dans la section précédente, H&N affirment qu'avec la constitution de l'empire, il s'est produit un profond changement dans la logique du capital global. La logique qui prédomine de nos jours est celle du post-modernisme, avec son penchant pour l'exaltation de l'instantané, les profils toujours changeants des désirs, le culte du choix individuel, « le *shopping* permanent et la consommation de biens et d'images 'mercantilisés' (...) la différence et la multiplicité (...) sa célébration du fétichisme et des simulacres, sa fascination continuelle pour le nouveau et pour la mode » (p.196). Tout cela amène nos auteurs à la conclusion que les stratégies de marketing suivent une logique post-moderne puisque celui-là est une pratique patronale qui vise à maximiser les ventes à partir de la reconnaissance et de l'exploitation commerciale des différences. La population devenant de plus en plus hybride, les possibilités de créer de nouveaux « marchés ponctuels » se multiplient indéfiniment. La conséquence en est que le marketing déploie un éventail infini de stratégies commerciales : « une pour les homosexuels *latinos* âgés de dix-huit à vingt-deux ans, une autre pour les adolescentes sino-américaines et ainsi de suite » (p.196)

Conscients qu'en prétendant déduire la logique mondiale du capital directement des stratégies du marketing ils se trouvent sur un terrain bien instable, H&N décident d'avancer encore en affirmant que cette même logique post-moderne gouverne également le cœur de l'économie capitaliste : la sphère de la production. Ils font pour cela écho à quelques développements récents dans le champ de l'administration d'entreprises qui affirment que les corporations doivent être « mobiles, souples et capables de traiter les différences » (p.196). Comme l'on pouvait le prévoir, l'acceptation ingénue de ces supposés progrès de la « science de l'administration » – en réalité, des stratégies élaborées pour faciliter l'extraction de la plus-value – a conduit H&N à une vision complètement idéalisée des corporations globales contemporaines. Celles-ci semblent « beaucoup plus diverses et culturellement fluides que les sociétés modernes orthodoxes des années passées ». Une des conséquences de cette diversité et de cette fluidité majeures est mise en évidence par le fait que, selon ces auteurs, « les anciennes formes modernistes de racisme et de sexisme sont les ennemis explicites de cette nouvelle culture d'entreprise » (p.198). C'est pour cela que les entreprises globales sont avides d'inclure

> « la différence dans leur giron et visent ainsi à optimiser la créativité, le libre jeu et la diversité sur les sites de travail de la société. Des personnes de toute race, de tout sexe et de tout penchant sexuel peuvent potentiellement être intégrées dans la société ; la routine quotidienne du site de travail doit être régénérée par des changements inattendus et une atmosphère de détente. Brisez les vieilles frontières et faites fleurir cent fleurs ! » (p.198)

Après avoir lu ces lignes, l'on est obligé de se demander si les corporations sont le foyer de relations de production où les salariés sont exploités ou si au contraire, elles sont de véritables paradis terrestres. Il n'est pas nécessaire d'être un expert en administration d'entreprises pour comprendre que la jolie description faite par les auteurs a peu à voir avec la réalité : le sexisme, le racisme et l'homophobie sont des pratiques qui jouissent encore d'une très bonne santé dans la corporation globale post-moderne. Peut-être que cette meilleure atmosphère d'entreprise n'a rien à voir avec le fait que, comme le rapporte le *New England Journal of Medicine*, lors de l'apogée de la prospérité nord-américaine, « les hommes noirs à Harlem ont moins de chances d'atteindre 65 ans que les hommes du Bangladesh » (NEJM, 1990, traduction personnelle). H&N retombent souvent dans les filets subtils de la littérature patronale et des idéologues du libre marché. Si nous devions accepter leur point de vue – en réalité le point de vue des gourous des écoles d'administration d'entreprises ! – le débat autour du despotisme du capital dans l'entreprise perdrait toute signification, de même que les demandes de plus en plus pressantes en faveur de la démocratisation des firmes, faites, ces dernières années, par des théoriciens de l'importance de Robert A. Dahl (Dahl, 1995: p.134-135). Apparemment, la tyrannie structurelle du capital a totalement disparu puisque les salariés se rendent maintenant à leur travail non seulement pour gagner leur pain quotidien, mais également pour pouvoir se reposer dans un climat détendu et agréable qui leur permet d'exprimer leurs désirs sans aucune restriction. Ce portrait s'accorde difficilement avec ce que relate même la presse la plus liée au capital sur l'extension de la journée de travail dans la corporation globale, l'impact dévastateur de la flexibilisation professionnelle, la dégradation du travail, la facilité croissante des licenciements, la précarisation de l'emploi, les tendances à une reconcentration régressive des salaires dans l'entreprise, pour ne pas mentionner des histoires aussi horribles que l'exploitation des enfants par de nombreuses corporations mondiales.

Il ne semble pas inutile d'insister, face à deux auteurs qui se définissent eux-mêmes comme communistes et bons lecteurs de Marx, sur le fait que la logique du capital, qu'elle soit mondiale ou nationale, a peu à voir avec l'imagerie diffusée par les théoriciens des écoles de commerce ou par les éclectiques philosophes post-modernes. Le capital se mobilise en une inexorable logique de création de bénéfices, quels que soient les coûts sociaux ou environnementaux que cela implique. Afin de maximiser les bénéfices et d'augmenter la sécurité à long terme, le capital voyage dans le monde entier et est capable de s'établir pratiquement partout. Les conditions politiques sont un sujet d'importance majeure, surtout pour ce qui est de maintenir la force de travail obéissante et disciplinée. Le chantage patronal joue aussi un rôle très important car les firmes globales, avec le soutien de « leurs gouvernements », parviennent à bénéficier de concessions extraordinaires faites par les états assoiffés de la périphérie appauvrie. Ces concessions vont de généreuses exemptions d'impôts de toutes sortes à l'implantation d'une législation du travail contraire aux intérêts des travailleurs ou qui affaiblit le militantisme syndical et l'action des syndicats de gauche capables de perturber l'atmosphère normale des affaires. Dans le monde développé, en revanche, les difficultés à désarmer les conquêtes des travailleurs et la législation de progrès sanctionnés pendant la période dorée de l'état keynésien, sont bien supérieures. Mais l'impossibilité d'en appeler à des expédients qui facilitent la surexploitation des travailleurs est compensée par la plus grande taille des marchés dans des sociétés où le progrès social a créé une norme de consommation de masse difficilement disponible dans les pays de la périphérie.

Les entreprises transnationales et l'État-nation

Le chapitre quatorze du livre est dédié au thème de la constitution mixte de l'empire. Il commence cependant par une épigraphe surprenante qui reflète la pénétration inattendue des préjugés bourgeois jusque dans l'esprit de deux intellectuels aussi lucides et cultivés que Hardt et Negri. L'épigraphe en question n'est pas la phrase d'un grand philosophe ou d'un économiste distingué. Ce n'est pas non plus la formule d'un homme d'Etat de renom ou d'un leader populaire. Il s'agit d'une citation de Bill Gates, et elle dit ceci :

> « L'une des merveilles à propos des autoroutes de l'information est que l'égalité virtuelle est beaucoup plus facile à réaliser que l'égalité réelle (...) Nous sommes tous créés égaux dans le monde virtuel ».

Deux petits commentaires. Tout d'abord, personne ne comprend pourquoi un chapitre destiné à l'analyse des problèmes de la constitution mixte de l'empire commence par une banale affirmation de Bill Gates sur la pseudo-équité des autoroutes de l'information. Peut-être parce que citer Bill Gates est devenu une mode chez certains intellectuels progressistes d'Europe et des Etats-Unis. Le lecteur, même le mieux prédisposé, ne peut que sentir un picotement gênant face à ce tribut payé à l'homme le plus riche du monde, personnification la plus authentique d'un ordre mondial que H&N souhaitent, soi-disant, ardemment changer.

Ensuite, et c'est encore plus grave, Gates se trompe, et profondément. Nous n'avons pas tous été créés égaux dans le monde de l'information et dans le fantastique univers de la virtualité. Gates n'a certainement jamais eu à faire aux trois mille millions de personnes dans le monde qui n'ont jamais utilisé un téléphone de leur vie. Aussi bien lui que Hardt et Negri devraient se rappeler que dans les pays les plus pauvres, comme l'Afghanistan par exemple, seules cinq personnes sur mille ont accès au téléphone. Ce pourcentage épouvantable est bien loin d'être une exclusivité de ce pays. Dans beaucoup de régions du sud de l'Asie, en Afrique sub-saharienne et dans quelques zones les plus reculées d'Amérique latine et des Caraïbes, les chiffres ne sont pas beaucoup plus élevés. Pour la majorité de la population mondiale, les commentaires de Gates sont une plaisanterie, si ce n'est une insulte à la misère de leur condition inhumaine.

Mais laissons de côté ce début bien maladroit. Le chapitre introduit ensuite une périodisation du développement capitaliste en trois phases : la première, qui s'étend sur les XVIIIème et XIXème siècles, est une période de capitalisme compétitif caractérisé selon H&N par « peu de besoin d'intervention étatique, en métropole comme à l'étranger » (p.373). Pour nos auteurs, les politiques protectionnistes de l'Angleterre, des Etats-Unis, de la France, de la Belgique, de la Hollande et de l'Allemagne, sans parler des politiques impérialistes de l'expansion coloniale promues et implantées par les gouvernements nationaux respectifs, ne correspondent pas à la qualification d'« intervention d'Etat ». De même, la législation destinée à la répression des travailleurs, appliquée selon différents degrés d'intensité dans tous ces pays pendant une longue période historique, ne serait pas non plus un exemple d'intervention d'Etat dans la vie économique et sociale. Ayez bien à l'esprit que ces dits corps sociaux incluent des cas aussi flagrants que l'*anti-combination act* d'Angleterre, la loi Le Chapelier en France, la législation anti-socialiste du Chancelier Bismarck en Allemagne qui a condamné à l'exil des milliers de travailleurs, et les normes légales qui ont rendu possibles les pratiques de répression violente contre les travailleurs aux Etats-

Unis, dont l'emblème reste le massacre du 1er mai 1886 à Haymarket Square, Chicago. A son époque, Gramsci exprima quelques observations très précises sur la « question méridionale » où il démontre que le système complexe d'alliances qui a rendu possible l'unification italienne reposait sur un ensemble de politiques économiques sophistiquées qui permettaient de soutenir, dans les faits, la coalition dominante. Cet auteur a signalé l'« erreur théorique » des doctrines libérales qui célébraient le retrait de l'état dans le processus d'accumulation capitaliste. Dans les *Quaderni*, Gramsci écrit que :

> « le *laissez-faire* est aussi une forme de 'régulation' de l'Etat, introduite et maintenue par des moyens législatifs et coercitifs. Il s'agit d'une politique délibérée, consciente de ses propres fins, et non de l'expression spontanée et automatique des faits économiques. Par conséquent, le libéralisme du *laissez-faire* est un programme politique » (Gramsci, 1971: p.160, traduction personnelle).

La raison de cette grossière erreur se trouve dans l'incapacité des écrivains libéraux à reconnaître que la distinction entre société politique et société civile, entre économie et politique, « est faite et présentée comme si c'était une distinction organique, alors qu'il s'agit en réalité d'une distinction purement méthodologique » (Gramsci, 1971: p.160, traduction personnelle). La passivité de l'état alors que le loup entre dans la bergerie ne peut être conçue comme l'inaction d'un acteur neutre. Une telle conduite s'appelle complicité ou, dans certains cas, conspiration. Ces brefs exemples suffisent à prouver que le savoir conventionnel ne peut pas fournir de guides adéquats pour expliquer certains des traits centraux de la première période identifiée par H&N. Et il évident que le recul de l'état n'en a pas été un. Il est vrai que, en comparaison avec ce qui allait se passer dans la période suivant la Grande Dépression, les niveaux d'intervention de l'état étaient encore inférieurs. Mais cela ne signifie pas qu'il n'y avait aucune intervention ou que celle-ci ait été bien moins nécessaire. Elle était, bien au contraire, fort nécessaire et de fait, les différents gouvernements bourgeois y ont répondu. Naturellement, après la Première Guerre Mondiale et la crise de 1929, ces besoins ont extraordinairement augmenté, mais cela ne doit pas nous amener à penser qu'avant ces dates, l'état n'a pas joué un rôle de premier ordre dans l'accumulation capitaliste.

Néanmoins, c'est lorsqu'ils se penchent sur la « troisième phase » de l'histoire du mariage de l'état et du capital que le trait le plus problématique de l'interprétation de H&N apparaît. Selon leurs propres mots :

> « A présent une troisième phase de ce rapport est parvenue à maturité dans laquelle de grandes sociétés transnationales ont effectivement surpassé la juridiction et l'autorité des Etats-nations. Il semblerait donc que cette dialectique pluricentenaire ait pris fin : *l'Etat a été vaincu et les sociétés gouvernent à présent la terre !* » (p.374, en italique dans l'original).

Non seulement cette affirmation est erronée mais en plus, elle expose les auteurs à de nouvelles attaques. Conscients d'avoir été trop loin dans leur enthousiasme anti-état, ils préviennent qu'il est nécessaire de « prendre une vue beaucoup plus nuancée sur la façon dont le rapport entre Etat et capital a changé » (p.374). Ce qui est curieux dans ce cas, c'est qu'après avoir dit cela, ils ne procèdent pas avec la même conviction à effacer leur affirmation antérieure, ce qui confirme bien le soupçon que celle-ci exprime assez précisément leur avis sur le sujet. Pour eux, un des traits cruciaux de l'époque actuelle est le déplacement des fonctions de l'état et des tâches politiques vers d'autres niveaux et domaines de la vie sociale. Dans un renversement du processus historique par lequel l'état-nation « exproprie » les fonctions politiques et administratives jusque-là détenues par l'aristocratie et les magnats locaux, l'on assiste dans cette troisième phase de l'histoire du capital à une réappropriation de ces tâches et fonctions, mais par qui ? Nous ne le savons pas car là-dessus, l'argumentation de H&N reste significativement silencieuse. Ils commencent sur un mode axiomatique en assurant que le concept de souveraineté populaire est en train de perdre son effectivité, sans se soucier de fournir quelque type de référence empirique que ce soit pour valider cette thèse ; et il en va de même avec la fameuse thèse de l'« autonomie de la politique ». Si pour ce qui est de la première thèse, il n'y a absolument aucune preuve, tout ce que l'on peut en dire, c'est qu'il s'agit d'un lieu commun de l'idéologie bourgeoise contemporaine ; en ce qui concerne la deuxième thèse, H&N se trompent complètement. Pour renforcer leur interprétation, les auteurs soutiennent que « de nos jours la notion de politique comme sphère indépendante de la détermination du consensus et sphère de médiation entre forces sociales en conflit a peu de place pour exister » (p.374). Question : quand et où la politique a-t-elle été cette « sphère indépendante » ou cette simple « sphère de médiation » ? L'on pourrait répondre que ce n'est pas tant la politique qui est en crise – qui par ailleurs l'est peut-être, mais pour d'autres raisons – qu'une conception schmittienne de la politique, conception que beaucoup d'intellectuels progressistes d'Europe et des Etats-Unis ont cultivée avec une passion brouillonne pendant de nombreuses années. A cause de cette vicieuse dépendance, les constructions doctrinales confuses d'un idéologue nazi, Carl Schmitt – non seulement académicien mais également l'un des magistrats les plus haut placés du Troisième Reich – ont été interprétées comme une contribution de premier ordre à la théorie politique, sortie de secours à une « crise du marxisme » tant et tant rabâchée. Mais, contrairement à ce que nous apprend Schmitt, la politique dans les sociétés capitalistes n'a jamais été un champ totalement autonome. Cette discussion est par trop connue et a généré trop de flots d'encre dans les années soixante-dix et quatre-vingt du siècle précédent pour la résumer ici. Nous nous contenterons, dans le cadre de cet essai, d'une simple référence à deux travaux qui abordent de manière directe cette problématique : Meiksins Wood, 1995: p.19-48 et Boron, 1997: p.95-137. Cependant, nos auteurs s'approchent de la vérité lorsqu'ils remarquent, quelques lignes plus loin, que « (L)a politique ne disparaît pas : ce qui disparaît est la notion de l'autonomie du politique » (p.375). Mais, une fois de plus, le problème ici vient moins de la politique – qui a sans aucun doute changé – que de la notion absurde de l'autonomie de la politique et du politique, alimentée pendant des décennies par des académiciens et des intellectuels furieusement anti-marxistes et désireux de défendre, contre toute évidence, la vision fragmentaire du social, typique de ce que Gyorg Lukács caractériserait comme la pensée bourgeoise (Lukács, 1971).

Selon l'interprétation de H&N, le déclin de l'autonomie de la politique a donné lieu à une conception ultra-économiciste du consensus, « déterminé de façon plus importante par des facteurs économiques, tels que l'équilibre des balances commerciales et la spéculation sur la valeur des monnaies » (p.375). Ainsi, la théorisation gramscienne, qui voyait dans le consensus la possibilité pour l'alliance dominante de garantir une direction intellectuelle et morale qui l'établirait comme avant-garde du développement des énergies nationales, est complètement laissée de côté dans l'analyse que font ces auteurs de l'état dans la phase actuelle. Pour eux, le consensus apparaît comme le reflet mécanique des nouvelles économiques, comme une somme de calculs mercantiles sans aucune place pour les méditations politiques, qui se perdent dans la nuit des temps. Leur réductionnisme et leur économicisme défigurent complètement la complexité du processus de construction du consensus dans les capitalismes contemporains et, de plus, ne résistent pas à la rigueur de l'analyse qui prouve que les variables économiques, lorsqu'elles évoluaient dans la « bonne direction », ont, en d'innombrables occasions, provoqué de significatives commotions politiques, comme le prouve l'histoire européenne et nord-américaine des années soixante du siècle précédent. D'autre part, les périodes de profonde crise économique ne se sont pas nécessairement traduites pas l'effondrement immédiat des consensus politiques préexistants. Il est intéressant de remarquer la passivité et l'acquiescement populaires durant les abominables années trente en France et en Angleterre par exemple, exact contraire de ce qui se passait à la même époque chez leur voisine allemande. Par conséquent, il est indiscutable qu'il y a bien, puisque la politique n'est pas une sphère autonome de la vie sociale, une intime connexion entre les facteurs économiques et ceux des ordres politique, social, culturel et international qui, à un moment donné, se cristallisent dans la construction d'un consensus politique durable. C'est précisément pour cela que le schéma conceptuel réductionniste, qu'il soit économiciste ou politiciste, ne convient pas à rendre compte de la réalité.

L'aboutissement de l'analyse de ces auteurs est extraordinairement important : selon eux, la décadence de la politique en tant que sphère autonome « marque aussi le déclin de tout espace indépendant où la révolution pouvait apparaître dans le régime politique national, ou bien où l'espace social pouvait être transformé en utilisant les instruments de l'Etat » (p.375). Les idées traditionnelles sur la construction d'un contre-pouvoir ou d'une résistance nationale contre l'état ont de plus en plus perdu leur pertinence dans les circonstances présentes. Les principales fonctions de l'état ont été transférées vers d'autres sphères et domaines de la vie sociale, principalement vers « les mécanismes d'autorité des sociétés transnationales » (p.376). Le résultat de ce processus ressemble fort à l'autodestruction ou au suicide de l'état capitaliste démocratique national, dont la souveraineté s'est fragmentée et a été distribuée à une multitude de nouvelles agences, institutions et organisations parmi lesquelles se distinguent « les banques, organismes internationaux de planification etc. (...) qui se réfèrent tous de façon croissante, pour leur légitimation, au plan transnational de pouvoir » (p.376). Pour ce qui est des possibilités qui s'ouvrent avec cette transformation, la sentence des auteurs est sans appel : « le déclin de l'Etat-nation n'est pas simplement le résultat d'une position idéologique qui pourrait être inversée par un acte de volonté politique : c'est un processus structurel et irréversible » (p.406). Les fragments dispersés de la vieille souveraineté de l'état et de sa capacité inhérente à être obéi ont été récupérés et reconvertis par « toute une série d'organismes juridico-économiques mondiaux, comme le GATT, l'Organisation Mondiale du Commerce, la Banque Mondiale et le FMI » (p.406). Etant donné que la globalisation de la production et la circulation de marchandises ont provoqué une perte progressive d'efficacité et d'effectivité des structures politiques et juridiques nationales, impuissantes à contrôler les acteurs, processus et mécanismes qui excèdent en grande partie leur portée et déploient leurs pions sur un échiquier autre que les frontières nationales, essayer de ressusciter l'état-nation défunt n'aurait aucun sens. Rien ne pourrait être plus nocif aux futures luttes d'émancipation, affirment les auteurs, que d'être victimes de la nostalgie du bon vieux temps. Mais même s'il était possible de ressusciter l'état-nation tel Lazare d'entre les morts, il y a une raison encore plus importante de renoncer à cette entreprise : cette institution « porte avec elle toute une série de structures et d'idéologies répressives et toute stratégie reposant sur elle doit donc être rejetée pour cette raison » (p.408). Supposons quelques instants que nous considérions cet argument comme valide. Dans ce cas, nous ne devrions pas seulement nous résigner à contempler l'inéluctable décadence de l'état-nation mais également celle de l'ordre démocratique lui-même, produit de siècles de luttes populaires et qui repose inévitablement sur la structure de l'état. H&N ne s'éternisent pas sur ce sujet, pourtant d'importance capitale. Serait-ce parce qu'ils supposent, à tort, qu'il est possible de « démocratiser » les marchés ou une société civile structurellement divisée en classes ? Nous savons que cela n'est pas possible, comme nous l'avons longuement examiné en d'autres occasions (Boron, 2000[b:] p.73-132). Mais alors, quelle est la solution ?

Chapitre 4

Visions alternatives de l'empire

L'empire éthique , ou la mystification post-moderne de l'empire « qui existe reellement »

Arrivés à ce stade de leur pensée, H&N ont clairement atteint un point de non-retour, et leur analyse de l'« empire qui existe réellement » a cédé la place à une construction entre le poétique et le métaphysique qui ne ressemble que de très loin à la réalité et qui ne peut pas être, par conséquent, d'une grande aide aux forces sociales qui visent à transformer les structures nationales et internationales du capitalisme mondial. Le diagnostic général est erroné parce que le schéma théorique de ses auteurs est infesté de problèmes d'analyse et d'interprétation, auxquels s'ajoute une série d'observations ponctuelles et de commentaires extrêmement maladroits dont un lecteur patient pourrait facilement faire la liste et qui requerraient, pour les réfuter un à un, un travail extraordinairement fastidieux. Comme cela n'est pas dans notre intention, nous procéderons à la suite de notre analyse des faiblesses du schéma général d'interprétation théorique.

Pour commencer, permettez-nous de réaffirmer un point de départ très élémentaire mais extrêmement important : il est impossible de faire de la bonne philosophie politique et sociale sans une solide analyse économique. Comme nous l'avons démontré par ailleurs, c'est exactement la voie qu'a choisie, en tant que philosophe politique, le jeune Marx, une fois qu'il eût précocement compris les limites d'une réflexion sociale et politique qui ne serait pas fermement ancrée dans une connaissance rigoureuse de la société civile (Boron, 2000[a]). La science qui révélait l'anatomie de la société civile et les secrets les plus intimes de la nouvelle organisation économique créée par le capitalisme était l'économie politique. C'est la raison pour laquelle le fondateur du matérialisme historique a concentré son énergie sur cette nouvelle discipline, non pour passer de l'une à l'autre, mais pour enraciner ses réflexions et sa critique dans l'ordre social existant, et son anticipation de la société future, dans la roche d'une profonde analyse politique. Cet ancrage dans une bonne économie politique, voie royale pour arriver à une connaissance profonde de la société capitaliste, voilà précisément ce qui manque à *Empire*. De fait, le livre comprend peu, très peu, d'économie et, dans la grande majorité des cas, il s'agit de la version conventionnelle de l'analyse économique enseignée dans les écoles d'administration d'entreprises ou propagée par les grands publicitaires de la globalisation néolibérale, entremêlée avec quelques fragments isolés d'économie politique marxiste. En résumé, une mauvaise économie pour analyser un thème comme celui du système impérialiste qui exige un traitement très rigoureux à l'aune de ce que peut offrir de meilleur l'économie politique.

Nous nous trouvons donc devant un livre qui essaie d'analyser l'ordre international, soi-disant l'empire, et dans lequel le lecteur ne rencontre que rarement des institutions comme le FMI, la Banque Mondiale, l'OMC et autres agences de l'ordre mondial actuel, qu'on l'appelle empire ou impérialisme. Le mot « néolibéralisme », par exemple, qui fait allusion à rien de moins qu'à l'idéologie et à la formule politico-économique prédominante dans le dernier quart de siècle où l'ordre économique actuel a été entièrement reconstruit, apparaît à peine dans l'ouvrage, tout comme l'Accord Multilatéral d'Investissement (MIA) et le Consensus de Washington. L'impression que le lecteur se forge à mesure qu'il avance dans la lecture du livre est de se trouver face à deux académiciens très bien intentionnés mais complètement éloignés de la boue et du sang constitutifs de la vie quotidienne des sociétés capitalistes, surtout dans la périphérie, et qui se sont lancés sur les mers de l'empire pourvus de cartes défectueuses et de très peu d'instruments de navigation. Tels des Quichottes désorientés, ils prennent les apparences pour des réalités. C'est pourquoi, lorsqu'ils décrivent la pyramide de la constitution mondiale de l'empire, nos auteurs assurent que :

> « A la pointe étroite de la pyramide se tient une superpuissance – les Etats-Unis – qui détient l'hégémonie sur l'utilisation mondiale de la force : une superpuissance qui peut agir seule mais préfère agir en collaboration avec les autres sous l'égide des Nations Unies » (p.377)

Il est très difficile de comprendre un commentaire aussi candide et innocent que celui-là, qui n'a rien de la subtilité que l'on est en droit d'attendre d'une analyse scientifique. Pour commencer, la réduction du concept d'hégémonie à l'usage de la force est inadmissible. L'hégémonie est bien plus que cela. Robert Cox, à propos de l'empire et de l'impérialisme, a écrit que l'hégémonie pouvait être considérée comme « un ajustement entre le pouvoir matériel, l'idéologie et les institutions » (Cox, 1986: p.225, traduction personnelle). Réduire la question de l'hégémonie à ses seuls aspects militaires, dont l'importance est, bien entendu, absolument indubitable, est une erreur capitale. L'hégémonie nord-américaine est bien plus complexe que cela. D'autre part, ils nous disent que les Etats-Unis « préfèrent » – sûrement par bonne volonté, leur générosité étant bien connue en matière de relations internationales ainsi que leur adhésion absolue aux principes de la tradition judéo-chrétienne – agir en collaboration avec les autres. L'on ne peut que se demander si les vingt et quelques pages d'*Empire* sur la pensée de Machiavel ont été écrites par les mêmes auteurs que ceux qui se risquent plus loin à une interprétation de la conduite internationale des Etats-Unis aussi antithétique avec les enseignements du théoricien florentin. La « préférence » des Etats-Unis (bien entendu, nous parlons du gouvernement nord-américain et de ses classes dominantes, pas de la nation ou du peuple de ce pays) pour l'action en collaboration est à peine un masque derrière lequel se cachent les politiques impérialistes afin d'être plus facilement vendues aux esprits innocents. Par cette opération, dont l'efficacité est encore une fois démontrée dans le livre qui nous intéresse, les politiques d'expansion et de domination impériales sont présentées comme de véritables sacrifices sur l'autel du bien commun de l'humanité. Il est raisonnable de supposer que les plus hauts fonctionnaires des Etats-Unis et leurs nombreux idéologues et publicitaires puissent employer un tel argument, que même les alliés de Washington les plus obséquieux et les plus serviles ne pourraient prendre au sérieux. Ce qui n'est en rien raisonnable, c'est que deux critiques radicaux du système génèrent ces mensonges.

Ce n'est pas la première fois que cette grave erreur apparaît dans le livre. Dans le chapitre précédent, ils avaient déjà écrit :

> « Dans les années de déclin qui suivirent la guerre froide, la responsabilité d'exercer un pouvoir de police international 'tomba' carrément sur les épaules de l'Oncle Sam. La guerre du Golfe (...) était une opération de répression fort peu intéressante du point de vue des objectifs stratégiques, des intérêts régionaux et des idéologies politiques impliquées (...) L'importance de la guerre du Golfe vient plutôt du fait qu'elle présenta les Etats-Unis comme la seule puissance capable de gérer la justice internationale, *non en fonction de ses propres motifs nationaux, mais au nom du droit mondial* » (p.227, en italique dans l'original).

En conclusion, et contrairement à ce que clament les préjugés ancestraux alimentés par l'incessant prêche anti nord-américain d'une gauche égarée, nous apprenons maintenant en lisant *Empire*, que c'est le pauvre Oncle Sam qui doit assumer, contre son gré, les responsabilités du rôle de gendarme mondial, après des décennies d'infructueuses tentatives pour être exempté de cette pénible obligation. Le pouvoir, du même coup, « retombe » sur ses épaules alors que toute la diplomatie du Département d'Etat se trouvait occupée à la reconstruction, sur des bases véritablement démocratiques, du système des Nations Unies, et que les fonctionnaires les plus haut placés de Washington parcouraient le monde entier pour relancer une nouvelle vague de négociations Nord/Sud en vue de réduire les inacceptables inégalités de la distribution internationale de la richesse et de renforcer les gouvernements aliénés de la périphérie en leur apprenant comment résister aux exactions des grandes corporations transnationales. Nos deux académiciens radicaux, perdus dans l'obscurité de la confusion théorique, trouvent quelqu'un pour leur venir en aide et, en revenant à la lumière du jour, ils découvrent que ce n'est autre que Thomas Friedman, le très conservateur éditorialiste du *New York Times* et porte-parole des opinions de l'*establishment* nord-américain. Selon Friedman, l'intervention des Etats-Unis au Kosovo est tout à fait légitime – tout comme, pour d'autres raisons, celle dans le Golfe – car elle a mis fin au nettoyage ethnique ayant lieu dans cette région et a donc été menée « au nom du droit mondial » pour employer une expression chère à H&N. Il est évident que, comme l'a souligné Noam Chomsky, le nettoyage ethnique du sinistre régime de Milosevic n'a pas été la cause mais bien la conséquence des bombardements nord-américains (Chomsky, 2001: p.81).

Mais revenons à la Guerre du Golfe, déplorablement définie par ces auteurs comme une « opération répressive de peu d'intérêt » et sans grande importance. Il convient avant tout de rappeler qu'une telle opération n'a pas été précisément une guerre mais, comme le constate Chomsky, un massacre : « le terme 'guerre' s'applique difficilement à une confrontation dans laquelle une partie massacre l'autre tout en restant inatteignable, pendant qu'elle détruit la société civile » (Chomsky, 1994: p.8, traduction personnelle). Mais nos auteurs ne se soucient pas de ce genre d'analyse : leur vision de l'avènement de l'empire avec sa pléthore de possibilités libératrices et émancipatrices est ainsi faite que leurs regards sont tournés vers les hautes sphères, ce qui les empêche de voir les horreurs et les misères que les politiques actuelles de l'impérialisme produisent dans la fange de l'histoire. Si au Moyen Age, les théologues chrétiens dévouaient tous leurs regards à la contemplation de Dieu et ne pouvaient, pour cette raison, s'apercevoir de l'enfer qui les entourait, nos auteurs eux sont tellement absorbés par la contemplation des lumineuses perspectives qui s'ouvrent avec l'avènement de l'empire que la boucherie qui inaugure cette nouvelle époque historique ne leur inspire même pas une ligne de lamentation ou de compassion. Maîtres dans l'art de la « déconstruction », ils se montrent complètement incapables d'appliquer cette méthode à l'analyse d'une guerre qui fut, en réalité, un massacre. Ils ne reconnaissent pas non plus, ne parlons même pas de dénonciation, l'énorme quantité de victimes civiles – qui comptent, uniquement chez les enfants, plus de 150.000 morts – dans les bombardements, « victimes collatérales » et à cause de l'embargo criminel qui a suivi la guerre. Il ne disent pas que, malgré sa défaite, Saddam est resté au pouvoir, mais sans pouvoir compter sur le consentement du gendarme du monde pour réprimer à sa guise les soulèvements populaires des kurdes et de la minorité chiite (Chomsky, ibid.: p.8).

Enfin, une analyse qui considère que la Guerre du Golfe, qui n'a pas eu lieu par hasard dans la zone où se trouvent les plus importantes réserves mondiales de pétrole, a été un sujet d'importance mineure pour les Etats-Unis, peut-elle vraiment être réaliste ? Devons-nous donc croire que Washington a lancé ces opérations militaires mû par l'impérieuse nécessité d'assurer le règne du « droit mondial » et non en vue de réaffirmer son indiscutable suprématie dans une région stratégique du globe ? La décision du Président Bush de ravager l'Afghanistan, en essayant en vain de prendre comme excuse son ancien lieutenant Osama Ben Laden, aurait-elle donc été motivée par sa soif de justice universelle ? Comment qualifier une telle absurdité ?

Cette vision angélique du fonctionnement concret de l'empire, et de certains événements désagréables comme la Guerre du Golfe, concorde avec d'autres définitions extrêmement polémiques faites par ces auteurs. Par exemple, que « la police mondiale américaine n'agit pas dans un intérêt impérialiste, mais dans un intérêt impérial ». Le fondement de cette affirmation est bien simple et rappelle d'autres passages du livre : étant donné que l'impérialisme a disparu, avalé par la tornade qui a détruit les vieux états nationaux, les interventions de l'hégémonie n'ont de sens que si elles contribuent à la stabilité de l'empire. Le pillage caractéristique de l'ère de l'impérialisme a été remplacé par le droit mondial et la justice internationale.

Une autre question posée par H&N reflète encore plus clairement encore les graves problèmes dont souffre leur vision du système international, qui devient à leurs yeux une espèce d'empire éthique. Ainsi, à propos de l'ascendance que les Etats-Unis ont acquis dans le monde de l'après-guerre, les auteurs soutiennent que :

> « [ils] ont été appelés à jouer ce rôle de garantie et d'appui juridique efficace au processus complexe de la formation d'un nouveau droit supranational. Tout comme au premier siècle de l'ère chrétienne, les sénateurs romains demandèrent à Auguste d'assumer les pouvoirs impériaux (...) de même aujourd'hui les organisations – Nations Unies, Fonds Monétaire International et même organisations humanitaires – demandent aux Etats-Unis d'assumer le rôle central dans un ordre mondial nouveau » (p.229).

Les erreurs dans ce passage de l'ouvrage de H&N sont gravissimes. Tout d'abord, ils présentent comme analogues deux situations qui sont radicalement différentes : celle de l'empire romain au Ier siècle et celle d'aujourd'hui, alors que le monde a légèrement évolué – même si pas autant que nous le désirions – et que l'ancien ordre qui régnait autour du bassin de la Méditerranée, basé sur l'esclavage, ne semble pas avoir beaucoup d'affinités avec le système impérialiste actuel qui couvre de nos jours la totalité de la planète et qui est constitué de populations formellement libres. Mais, en deuxième lieu, que les sénateurs romains exigent d'Auguste qu'il assume les pouvoirs impériaux est une chose, cela en aurait été une autre si cela avait été les peuples soumis au joug romain qui l'avaient sollicité à ce sujet. Il est évident qu'il y a une majorité considérable de sénateurs nord-américains qui insistent pour que la Maison Blanche agisse en force articulatoire et organisatrice de l'empire, au bénéfice des entreprises et des intérêts nationaux des Etats-Unis, comme nous le verrons dans les chapitres suivants. Ce qui aurait bien différent, c'est que ce soient les peuples, les nations et les états soumis à son règne qui exigent une telle chose. Sur ce point, l'analyse de H&N se confond avec la pensée de l'*establishment* nord-américain puisqu'elle fait référence à de soi-disant demandes faites à Washington par les Nations Unies (quand l'Assemblée Générale a-t-elle réclamé une telle chose ? Car il ne s'agit pas d'un sujet qu'un organe aussi peu représentatif et aussi anti-démocratique que le Conseil de Sécurité puisse décider) et par les « organisations monétaires internationales » (considèrent-ils le FMI, la Banque Mondiale, l'OMC, le BID comme des représentants des droits des peuples ? De quoi parlent-ils ?). Quoi qu'il en soit, et même s'ils l'avaient réclamé, nous savons très bien que de telles institutions sont dans les faits « des membres informels » du gouvernement nord-américain et manquent complètement de légitimité universelle pour prendre une initiative comme celle-ci. Et que dire des organisations humanitaires ? A ce que je sache, ni Amnesty, ni la Croix Rouge, ni Greenpeace, ni le Servicio de Paz y Justicia, ni aucune autre n'a demandé ce que postulent nos auteurs.

Peut-être que H&N font allusion au rôle actif qu'ont joué les Etats-Unis dans la promotion d'un nouveau cadre juridique supranational lequel, pour des raisons que l'on comprendra aisément, a été conduit dans le plus grand secret par les gouvernements impliqués dans cette entreprise. En effet, depuis plusieurs années, Washington a travaillé avec acharnement sur l'établissement de l'Accord Multilatéral d'Investissements (MIA) considéré comme l'une des priorités de son agenda de politique extérieure. Pour avancer dans cette proposition, la Maison Blanche a toujours pu compter sur la collaboration inconditionnelle de son principal état client, le Royaume-Uni, et de l'écrasante majorité des gouvernements regroupés dans l'OCDE. Parmi les règles que les Etats-Unis ont essayé d'imposer, certainement inspirés du même type de littérature que celle dont se sont abreuvés nos auteurs, pour consolider la justice et le droit universels, l'on compte deux contributions historiques à la science du droit : d'une part une innovation doctrinale grâce à laquelle, pour la première fois dans l'histoire, des entreprises et des états deviennent des personnes juridiques qui jouissent exactement du même statut légal. Les états ne sont plus des représentants de la souveraineté populaire et de la nation : ils sont devenus de simples agents économiques sans aucune sorte de prérogatives dans les cours de justice. Il n'est pas nécessaire d'être un savant du droit pour pouvoir qualifier cette « conquête juridique » recherchée avec ardeur par Washington de recul phénoménal qui violente les avancées du droit moderne de ces trois cents dernières années. Seconde contribution : dans la droite ligne de l'extraordinaire préoccupation du gouvernement des Etats-Unis pour le droit universel, le MIA propose l'abolition du principe de réciprocité entre les parties signataires d'un contrat. Si le MIA en venait à être approuvé, chose qui jusque-là a été rendu impossible grâce à la tenace résistance des organisations humanitaires et de différents mouvements sociaux, une des deux parties d'un contrat aurait des droits et l'autre seulement des devoirs. Au vu des caractéristiques de l'empire « qui existe réellement », il n'est pas très difficile de se figurer qui aurait quoi : les entreprises auraient le droit de mener les états devant les tribunaux, mais les états ne seraient pas habilités à faire de même avec les investisseurs qui ne remplissent pas leurs obligations. Bien sûr, étant donné le souci bien connu du gouvernement nord-américain d'assurer la démocratie universelle, il est admis qu'un état puisse engager un procès contre un autre état, ce qui rétablit quelque peu l'équilibre. Ainsi, si les gouvernements du Guatemala ou de l'Equateur avaient un problème avec la United Fruit ou Chiquita Banana, ils ne pourraient pas initier un procès contre ces entreprises, mais ils auraient carte blanche et toutes les garanties du monde pour le faire contre le gouvernement des Etats-Unis puisque, contrairement à ce que pensent H&N, ces entreprises sont nord-américaines et sont déclarées dans ce pays. L'on comprend donc les raisons pour lesquelles les négociations qui ont abouti à la rédaction du brouillon du MIA ont été conduites dans le secret le plus absolu et en marge de tout type de contrôle démocratique et populaire (Boron, 2001[a]: p.31-62; Chomsky, 2000[a]: p.259-260; Lander, 1998). Face à une telle distorsion des réalités de l'empire, il n'est pas surprenant que les auteurs concluent que :

> « [d]ans tous les conflits de la fin du XXème siècle, de Haïti au golfe Persique et de la Somalie à la Bosnie-Herzégovine, les Etats-Unis ont été appelés à intervenir militairement – et ces appels sont réels et appuyés, ils ne sont pas simplement des combines politico-publicitaires pour vaincre les réticences du peuple américain. Même s'ils étaient hésitants, les militaires américains ont dû répondre aux appels, au nom de la paix et de l'ordre du monde. » (p.229).

Sans commentaire.

L'EMPIRE TEL QU'IL EST, DEPEINT PAR SES INTELLECTUELS ORGANIQUES

Comme nous l'avons suffisamment démontré, l'analyse de H&N sur l'ordre mondial de notre temps est définitivement erronée et se fonde sur une lecture complètement bancale des transformations en cours dans les états et dans les marchés mondiaux du capitalisme contemporain. Cela ne veut pas dire qu'occasionnellement le lecteur ne puisse trouver, ça et là, quelques réflexions et observations très pertinentes sur des sujets extrêmement ponctuels, mais le cadre général qui forme leur analyse est théoriquement faux et politiquement irrecevable.

Un bon exercice pour aider H&N à descendre des nébuleuses structuralistes où ils semblent avoir niché leur raisonnement – l'empire comme « un régime spécifique de relations mondiales » (p.67), « une nouvelle forme mondiale de souveraineté » (p.16) – serait de lire le travail de quelques-uns des principaux intellectuels organiques de l'empire. Leo Panitch a souligné un paradoxe significatif : alors que le terme « impérialiste » est tombé en désuétude, les réalités de l'impérialisme sont plus vivaces et choquantes que jamais. Ce paradoxe est encore plus accentué en Amérique latine où non seulement le terme « impérialisme » mais également le mot « dépendance » ont été expulsés du langage académique et du discours public au moment précis où l'assujettissement de nos pays aux forces économiques transnationales a atteint des niveaux sans précédent dans notre histoire. Il y a beaucoup de raisons à cela. Il convient de souligner, entre autres, la défaite idéologique et politique de la gauche et ses conséquences : l'adoption du langage et de l'agenda intellectuel des vainqueurs et son incapacité à résister à leurs chantages, spécialement pour ceux qui sont prêts à tout pour préserver leurs carrières et obtenir la « reconnaissance publique » que prodiguent les grandes usines doctrinaires des classes dominantes. Ce phénomène s'est vérifié dans notre continent, mais aussi en Europe et aux Etats-Unis ; dans la première, principalement dans les pays où la force des partis communistes était très grande et la présence d'une culture politique de gauche très vigoureuse, comme en Italie, en France et en Espagne. C'est pour cela que Panitch suggère que si la gauche veut s'affronter à la réalité, elle devrait peut-être « regarder la Droite pour avoir une vision claire de la direction à prendre » (Panitch, 2000; p.18-20, traduction personnelle). Pourquoi ? Parce que pendant que beaucoup à gauche font preuve d'une tendance maladive à oublier l'existence de la lutte des classes et de l'impérialisme (de peur d'être traités de dinosaures extravagants et ridicules tout droit sortis du Jurassic Park du socialisme, par le consensus néolibéral et post-moderne dominant), les mandarins de l'empire, soucieux qu'ils sont de conseiller les classes dominantes qui s'affrontent tous les jours aux antagonismes de classes et aux luttes d'émancipation, n'ont pas de temps à perdre en fantaisie ni en poésie. Les besoins pratiques de l'administration impériale ne leur permettent pas de s'octroyer le luxe de se distraire en élucubrations métaphysiques. C'est une des raisons pour lesquelles Zbigniew Brzezinski est aussi clair dans son diagnostic, et au lieu de construire un empire fantasmagorique comme celui que décrivent H&N, va droit au but et célèbre sans cachotteries l'irrésistible (selon lui) ascension des Etats-Unis vers la condition d'« unique superpuissance mondiale ». Soucieux d'assurer la stabilité à long terme de la phase impérialiste ouverte à la suite de l'effondrement de l'URSS, Brzezinski identifie les trois grands principes qui orientent la stratégie géopolitique nord-américaine : premièrement, empêcher la collision entre les vassaux les plus puissants (Europe occidentale et Japon) – et préserver leur dépendance – en ce qui concerne les questions de sécurité ; deuxièmement, maintenir la soumission et l'obéissance des nations tributaires, comme l'Amérique latine et le Tiers-monde en général ; et troisièmement, empêcher l'unification, le débordement et une éventuelle attaque des « barbares », dénomination qui va de la Chine à la Russie en passant par les nations islamiques d'Asie centrale et du Moyen Orient (Brzezinski, 1998: p.40). Impossible d'être plus clair.

Les observations de l'ex-Directeur du Conseil de Sécurité Nationale des Etats-Unis offrent une vision précise et sans ambiguïté, bien loin de la nébuleuse rhétorique employée par H&N et en cela, extrêmement instructive sur ce que ces auteurs nomment empire et que Panich appelle le « nouvel impérialisme ». Bien avant que Brzezinski n'exprime ses idées, Susan Strange, qui n'est pas ce que l'on pourrait appeler une marxiste académique, écrivit en 1989 un article qui aurait épargné, s'ils l'avaient lu, beaucoup de temps à nos auteurs et leur aurait évité de commettre certaines erreurs extrêmement graves. Strange dit que :

> « par conséquent, ce qui est en train d'émerger est un empire non-territorial avec sa capitale impériale à Washington D.C. Si les capitales impériales attiraient généralement des courtisans des provinces extérieures, Washington attire, au contraire, des 'lobbies' et des agents des entreprises internationales, des représentants des groupes minoritaires dispersés dans l'empire et des groupes de pression organisés à l'échelle mondiale. (...) Comme à Rome, la citoyenneté n'est pas limitée à une race supérieure et l'empire contient un mélange de citoyens ayant des pleins droits légaux et politiques, des semi-citoyens et des non-citoyens, comme la population esclave de Rome. (...) Les semi-citoyens de l'empire sont nombreux. (...) Ce sont beaucoup d'employés des grandes firmes transnationales qui opèrent sur la structure transnationale de production qui sert, comme chacun sait, le marché mondial. Ce sont des employés dans la banque transnationale et, très souvent, des membres des forces armées 'nationales', spécialement celles qui sont entraînées, armées par les forces armées des Etats-Unis, et dépendantes de celles-ci. Ce sont aussi de nombreux académiciens en médecine, sciences naturelles et sciences sociales, comme l'administration et l'économie, qui voient dans les associations professionnelles et dans les universités des Etats-Unis les pairs aux yeux desquels ils rêvent de briller et de se faire remarquer. Ce sont également les gens de la presse et des médias, pour qui la technologie nord-américaine et les exemples que fournissent les Etats-Unis

ont montré le chemin, en changeant les institutions et les organisations établies » (Strange, 1989: p.167, traduction personnelle).

L'on ne peut rien objecter au fait que, malgré son rejet du marxisme, le diagnostic de Strange sur la structure et l'organisation internationale de l'empire a plus à voir avec le matérialisme historique que celui qui ressort de l'ouvrage de H&N. Ce n'est pas la première fois qu'un libéral rigoureux et objectif fournit, par le réalisme de son étude, une vision bien plus proche de l'analyse marxiste que celle qui surgit de la plume d'auteurs qui s'identifient à cette tradition théorique. L'intéressante perspective que nous ont offert Brzezinski et Strange est complétée par le diagnostic qu'effectue un des théoriciens les plus distingués du néo-conservatisme nord-américain, Samuel P. Huntington, qui ne doute pas non plus du caractère impérialiste de l'ordre mondial actuel. Il centre son intérêt sur la faiblesse et la vulnérabilité des Etats-Unis dans leur condition de « shérif solitaire ». Cette singularité a obligé Washington à exercer le pouvoir international de façon vicieuse et l'une des conséquences d'une telle action peut être la formation d'une gigantesque coalition anti nord-américaine dans laquelle se rejoindraient non seulement la Russie et la Chine, mais aussi, bien que dans des degrés moindres, les états européens, ce qui mettrait sérieusement en crise l'ordre mondial actuel. Pour convaincre les sceptiques et rafraîchir la mémoire de ceux qui ont oublié ce que sont les relations impérialistes, il nous faut reproduire *in extenso* le long rosaire d'initiatives qui, selon Huntington, ont été impulsées par Washington ces dernières années :

> « faire pression sur d'autres pays pour qu'ils adoptent les valeurs et les pratiques nord-américaines en termes de droits de l'homme et de démocratie ; empêcher que des pays tiers acquièrent des capacités militaires susceptibles de concurrencer la supériorité militaire nord-américaine ; faire en sorte que la législation nord-américaine soit

appliquée à d'autres sociétés ; qualifier les pays tiers en fonction de leur adhésion aux standards nord-américains en matière de droits de l'homme, de drogues, de terrorisme, de prolifération nucléaire, de missiles, et, maintenant, de liberté de religion ; appliquer des sanctions aux pays qui ne se conforment pas aux standards nord-américains sur ces sujets ; promouvoir les intérêts des entreprises nord-américaines sous les slogans du libre commerce et des marchés ouverts et modeler les politiques du FMI et de la BM pour servir ces mêmes intérêts (...) forcer d'autres pays à adopter des politiques sociales et économiques qui bénéficient aux intérêts économiques nord-américains ; promouvoir la vente d'armes nord-américaines et empêcher que d'autres pays fassent de même (...) considérer certains pays comme des « états parias » ou des délinquants et les exclure des institutions parce qu'ils refusent de se conformer aux désirs nord-américains » (Huntington, 1999: p.48, traduction personnelle).

Comprenez bien, il ne s'agit pas de la critique d'un ennemi mortel de l'impérialisme nord-américain mais bien du sobre inventaire fait par l'un de ses intellectuels organiques les plus lucides, inquiet des tendances auto-destructives qui dérivent de l'exercice de l'hégémonie solitaire dans le monde unipolaire. Face aux tableaux brossés par les trois auteurs dont nous avons présenté les idées, le discours parfois poétique et parfois métaphysique de H&N s'évanouit du fait de sa propre légèreté et de sa déconnexion radicale avec ce que Huntington appelle fort à propos les responsabilités de la superpuissance solitaire. Ce qui surgit de l'analyse de ces auteurs est que la soi-disant « nouvelle forme mondiale de souveraineté », résumée ici dans le mot « empire », qui imposerait une nouvelle logique globale de domination, n'est pas ce que l'on croit, mais bien une « logique nord-américaine de domination ». Qu'il existe des organisations supranationales et transnationales, cela ne fait aucun doute, tout comme le fait qu'elles soient une façade derrière laquelle se cache l'intérêt national nord-américain. Il est évident que celui-ci n'existe pas abstraitement, et que ce n'est pas l'intérêt du peuple américain ou de la nation. C'est l'intérêt des grands conglomérats d'entreprises qui contrôlent à leur guise le gouvernement des Etats-Unis, le Congrès, le pouvoir judiciaire, les grands médias de masse, les principales universités et centres d'études et tout un réseau dense qui leur permet d'exercer une formidable hégémonie sur la société civile. Des institutions soi-disant « intergouvernementales » ou internationales comme le FMI, la Banque Mondiale, l'Organisation Mondiale du Commerce et autres du même style, sont au service des intérêts corporatifs nord-américains. Les interventions des Etats-Unis dans différentes régions du globe ont eu diverses motivations, mais jamais elles n'ont été menées, contrairement à ce que soutiennent H&N, dans le but d'établir le droit international. En ce sens, Brzezinski n'aurait pas pu être plus catégorique en disant que les dénommées institutions supranationales font, de fait, partie du schéma impérial, chose particulièrement certaine dans le cas des institutions financières internationales (Brzezinski, 1998: p.28-29).

Chapitre 5

L'État-nation et la question de la souveraineté

Tout comme nous l'avons vu dans les chapitres précédents, selon H&N, la constitution de l'empire repose sur la décadence et l'effondrement, soi-disant inexorable, de l'état-nation. S'il l'on en croit ces auteurs, la souveraineté que détenaient les états nationaux par le passé aurait été transférée à une nouvelle structure mondiale de domination dans laquelle les formations d'état décadentes auraient un rôle de plus en plus marginal. Il n'y a pas, nous assurent-ils, d'acteurs impérialistes ni de centre territorial du pouvoir, de barrières ou de limites établies, d'identités fixes ni de hiérarchies clairement définies. La transition de l'âge de l'impérialisme, basé sur tout un ensemble d'états belliqueux en conflit permanent, à l'âge de l'empire, est marquée par le déclin irréversible du fondement institutionnel et légal du vieil ordre mondial : l'état-nation. C'est pour cela que H&N refusent en bloc l'idée que les Etats-Unis sont « l'autorité suprême qui supervise les processus de mondialisation et le nouvel ordre mondial » (p.18). Aussi bien ceux qui considèrent les Etats-Unis comme la superpuissance, défenseurs à outrance de la liberté, que ceux qui accusent ce pays d'être un oppresseur impérialiste, se trompent, disent-ils, parce qu'ils supposent que la vieille souveraineté de l'état-nation est encore en vigueur et qu'ils ne se sont pas aperçu que c'est déjà une relique appartenant au passé. Et en cela, l'impérialisme est terminé (p.18).

Voyons certains problèmes que pose cette interprétation. En premier lieu, précisons que supposer qu'il puisse exister une autorité capable de gouverner « tous les processus de la globalisation et le nouvel ordre mondial » est une exagération en rien innocente. Pourquoi ? Parce que la seule réaction sensée possible face à un tel argument est de nier l'existence d'une telle autorité et, au passage, de se persuader qu'il n'y a plus aucune autorité dans cet ordre mondial. Affirmer qu'une structure déterminée de pouvoir puisse contrôler tous les processus qui ont lieu dans sa juridiction est une véritable absurdité. Même les formes les plus élémentaires d'organisation du pouvoir social, comme celles qu'ont découvert les anthropologues en étudiant les peuples primitifs, ne comprenaient pas une telle autorité. Heureusement pour les hommes et les femmes que l'omnipotence des puissants n'existe pas. Il y a toujours des failles et il y aura toujours, invariablement, des choses qui échapperont au pouvoir. Même dans les cas les plus extrêmes de concentration despotique et terroriste du pouvoir – pensons à l'Allemagne nazie ou à certaines des dictatures latino-américaines les plus oppressives et les plus féroces, comme celles de Videla en Argentine, Pinochet au Chili, Trujillo en République Dominicaine et Somoza au Nicaragua – les autorités en place se sont montrées incapables de contrôler « tous les pouvoirs » en jeu dans leur pays. Dire qu'il n'y a pas d'impérialisme parce qu'il n'y a personne qui puisse faire cela au plan mondial, dont l'infinie complexité dépasse les limites mêmes de notre imagination, constitue par conséquent un argument bien faible. Il s'agit de savoir si dans l'ordre mondial naissant, tellement célébré par George Bush père après la Guerre du Golfe, il y a des acteurs qui détiennent une part extraordinairement élevée de pouvoir et dont les intérêts prévalent de manière systématique, et d'examiner si la structure de ce nouvel ordre reflète, d'une certaine façon, la distribution asymétrique du pouvoir qui existait auparavant, et comment elle fonctionne. Bien sûr, qui dit une part « extraordinairement élevée » de pouvoir suppose qu'il y a d'autres acteurs qui ont un peu de pouvoir, et que lorsque l'on parle d'une prédominance systématique, l'on accepte, du même coup, qu'il puisse exister certaines exceptions qui produisent de temps en temps des résultats inattendus.

Ces considérations préliminaires étant terminées, passons au deuxième thème. L'analyse de H&N sur la question de la souveraineté est erronée, tout comme l'est leur interprétation des changements expérimentés par les structures d'état ces derniers temps. Pour ce qui est de la question de la souveraineté, ils semblent ne pas avoir pris en compte qu'il y a dans la structure impérialiste, un double modèle d'évaluation ou, comme le disait l'ambassadrice des Etats-Unis aux Nations Unies pendant le premier gouvernement de Ronald Reagan, Jeanne Kirkpatrick, un double *standard* selon lequel Washington juge les gouvernements et leurs actions. L'un est le modèle qui sert à évaluer la souveraineté des amis et alliés des Etats-Unis ; l'autre, bien différent, est celui employé pour juger celle des pays neutres ou ennemis. La souveraineté nationale des premiers doit être préservée et renforcée ; celle des seconds, affaiblie et violée sans aucun scrupule ou faux cas de conscience. Prisonniers de leurs fantastiques spéculations, H&N ne perçoivent pas cette inquiétante dualité et croient qu'il existe une « logique mondiale » par-delà les intérêts nationaux de la superpuissance et « centre » incontesté de l'empire, les Etats-Unis. Pour des auteurs comme H&N qui s'intéressent autant à des sujets constitutionnels et juridiques, le déplorable exercice de Washington en matière de reconnaissance des traités et des accords internationaux devrait leur apporter un bain de sobriété à ce propos. Comme chacun sait, les Etats-Unis ont répudié tout instrument juridique international qui représenterait une atteinte minimum à leur souveraineté. Récemment, Washington a empêché la constitution d'un Tribunal Pénal International siégeant à Rome – avec des compétences spéciales pour juger les crimes de guerre, contre l'humanité et de génocides – parce que cela impliquerait un transfert de souveraineté vers un organe international dont le contrôle pourrait leur échapper. Les Etats-Unis ont participé activement à toutes les délibérations préliminaires, ont discuté des critères, ont mis leur veto à certaines normes et ont été les co-auteurs de plusieurs de ses esquisses. Mais une fois le moment venu d'approuver la constitution de la Cour à Rome, ils ont décidé d'archiver le projet, au nom des excuses énoncées plus haut.

Cela n'est pas une surprise pour ceux qui étudient l'impérialisme, même si cela peut surprendre les auteurs d'*Empire*. Ils ignorent apparemment que les Etats-Unis ont l'un des pires records du monde en matière de ratification de conventions et d'accords internationaux, précisément parce Washington considère que ceux-ci se feraient au détriment de la souveraineté nationale nord-américaine et de ses intérêts en tant que superpuissance. Il y a peu de temps, les Etats-Unis ont refusé de signer les Accords de Kyoto sur la préservation de l'environnement sous prétexte que ceux-ci feraient du tort aux bénéfices des entreprises nord-américaines. Dans le cas de la Convention Internationale des Droits de l'Enfant, seuls deux pays au monde n'ont pas voulu signer son protocole : la Somalie et les Etats-Unis ! Mais, comme le signale le linguiste du MIT, en réalité les Etats-Unis « n'ont pas ratifié une seule convention, parce que même dans les rares cas où ils l'ont fait, le gouvernement nord-américain s'est arrangé pour y introduire une clause de réserve qui dit ceci 'non applicable aux Etats-Unis sans le consentement des Etats-Unis' » (Chomsky, 2001: p.63, traduction personnelle).

Depuis l'apogée néo-conservatrice des années quatre-vingt, les Etats-Unis ne paient pas leur part aux principales agences des

Nations Unies parce qu'ils en accusent certaines de défier la souveraineté nord-américaine. Et d'ailleurs, pourquoi payer sa cotisation de membre à une institution que Washington ne peut pas contrôler à sa guise ? L'on constate une attitude similaire en ce qui concerne l'autre création du gouvernement des Etats-Unis, l'OMC, et son accord préalable, le GATT. L'Union Européenne a accusé le gouvernement nord-américain d'affecter négativement les entreprises européennes puisque l'embargo contre Cuba viole les règles commerciales antérieures. De plus, l'Union Européenne (UE) a déclaré que l'embargo était immoral, qu'il avait été condamné unanimement, que les enfants et les personnes âgées en étaient les principales victimes, et a souligné son impact défavorable sur les politiques de nutrition et de santé, tout ceci accompagné d'autres remarques de la même veine. La réponse de Washington a été qu'il ne s'agissait pas de sujets commerciaux ou humanitaires mais de thèmes qui concernaient la sécurité nationale nord-américaine et que par conséquent, ils ne seraient transférés à aucune agence ou institution internationale mais resteraient gérés exclusivement par les différentes branches du gouvernement nord-américain, sans qu'aucune ingérence étrangère sur ce thème ne soit tolérée (Chomsky, 2001: p.64-66). Un dernier exemple servira de conclusion là-dessus. En 1985, en plein milieu de l'offensive des *contras* nicaraguayens – illégalement armés, entraînés, financés et organisés par les Etats-Unis – le gouvernement de Managua a initié une demande devant la Cour Internationale de Justice, accusant le gouvernement nord-américain de crimes de guerre contre la population civile nicaraguayenne. Washington a répondu en niant à la Cour sa juridiction pour se prononcer sur le sujet. Malgré cela, le processus a continué et la sentence finale de la Cour a ordonné à Washington d'arrêter ses opérations militaires, de retirer ses forces mercenaires en faction au Nicaragua et de payer de substantielles réparations de guerre pour compenser les dommages infligés à la population civile. Le gouvernement des Etats-Unis a tout simplement ignoré la sentence, a continué la guerre avec les résultats que l'on sait et même lorsqu'il a réussi à installer un gouvernement « ami » au Nicaragua, il n'a pas daigné s'asseoir à la table des négociations, ni, bien entendu, payer les réparations de guerre. Il en a été de même au Vietnam. Voilà quelques exemples éloquents de ce que H&N présentent comme la création impériale du « droit mondial » et de l'empire du droit universel (Chomsky, 2001: p.69-70).

Il est donc bien clair que nos auteurs n'ont pas réussi à apprécier dans toute son ampleur l'importance durable de la souveraineté nationale, des intérêts nationaux et du pouvoir national, ce qui affaiblit inexorablement l'hypothèse centrale de toute leur argumentation, qui assure qu'il existe une logique mondiale et abstraite qui préside au fonctionnement de l'empire. Quant à ce qui est arrivé à l'état capitaliste dans sa phase actuelle, il nous semble que les fautes déjà citées sont encore plus graves. Tout d'abord, il existe un problème initial, dont l'importance n'est en rien marginale, à propos de la décadence finale et irréversible de l'état tant proclamée : toute l'information quantitative disponible sur la dépense publique et la taille des appareils d'état évolue dans un sens absolument contraire à ce qu'imaginent H&N. Si quelque chose s'est effectivement passée dans les capitalismes métropolitains ces vingt dernières années, c'est précisément l'augmentation notable de la taille de l'état, mesurée par la proportion de la dépense publique par rapport au PIB. Les données fournies par toutes les sources, des gouvernements nationaux au Programme des Nations Unies pour le Développement (PNUD) et de la Banque Mondiale au FMI et à l'OCDE, sont unanimes : tous les états des capitalismes métropolitains se sont renforcés ces vingt dernières années, bien que de nombreux gouvernements de ces états aient été de véritables champions de la rhétorique anti-état qui s'est déchaînée dès le début des années quatre-vingt. Depuis l'avènement de la crise du capitalisme keynésien, au milieu des années soixante, l'on a assisté à une baisse relative du taux de croissance de la dépense publique, mais celle-ci continue d'augmenter sans interruption. C'est pour cela qu'un rapport spécial sur le sujet, élaboré par le magazine conservateur britannique *The Economist*, a pour titre « *Big Government is Still in Charge* ». Son rédacteur ne peut y cacher son mécontentement devant la résistance tenace des états à s'ajuster et à se réduire comme l'exige le catéchisme néo-libéral (H&N ne semblent pas avoir eu l'occasion d'examiner ce travail car le dernier paragraphe du chapitre quinze du livre porte un titre qui, en lui-même, résume bien les extrémités auxquelles ils en arrivent sur un thème aussi crucial pour toute leur argumentation théorique : « *Big Government is over* ! »). Après une sérieuse analyse des données récentes sur la dépense publique dans quatorze pays industrialisés de l'OCDE, le journaliste conclut que malgré les réformes néolibérales initiées à partir des nouveaux objectifs d'austérité fiscale et de réduction de la dépense publique, entre 1980 et 1996, la dépense publique dans les pays sélectionnés est passée de 43,4% du PIB à 47,1%, alors que dans quelques pays comme la Suède (et, dans une moindre mesure, dans certains autres pays) ce chiffre dépasse largement les 50% (*The Economist*, 1997: p.8). Selon les propres mots de l'analyse en question, « ces dernières quarante années, la croissance des dépenses publiques dans les économies avancées à été persistante, universelle et contreproductive » et l'objectif si fermement déclaré d'en arriver à un « petit gouvernement » a apparemment été plus une arme de rhétorique électorale qu'un véritable objectif de politique économique. Même les plus furieux défenseurs de la fameuse « réforme de l'état » et de la réduction de la dépense publique comme Ronald Reagan et Margaret Thatcher n'ont pas réussi à faire des progrès significatifs dans ce sens (*The Economist*, 1997: p.48, traduction personnelle).

Mais, si ce renforcement de l'organisation de l'état se vérifie au cœur des capitalismes développés, le cas de la périphérie est complètement différent. Dans la réorganisation mondiale du système impérialiste qui a eu lieu sous l'égide idéologique du néolibéralisme, les états ont été radicalement affaiblis et les économies périphériques, soumises de plus en plus ouvertement, et presque sans médiation de l'état, à l'influence des grandes entreprises transnationales et des politiques des pays développés, principalement des Etats-Unis. Ce processus n'a rien eu de naturel et a été le résultat des initiatives adoptées au centre de l'empire : le gouvernement des Etats-Unis, dans le rôle phare, accompagné de ses fidèles chiens de garde (le FMI, la Banque Mondiale, l'OMC etc.) et de la complicité militante du G7. C'est cette coalition qui a forcé (dans bien des cas à travers des pressions brutales de diverses sortes) les nations endettées de l'ensemble du Tiers-monde à appliquer les politiques connues sous le nom du « Consensus de Washington » et à reconvertir leurs économies en accord avec les intérêts de la coalition dominante et, tout spécialement, du *primus inter pares,* les Etats-Unis. Ces politiques ont favorisé la pénétration quasiment illimitée des intérêts des entreprises nord-américaines et européennes dans les marchés domestiques des nations du Sud. Il a été nécessaire pour cela de démanteler le secteur public de ces pays, de produire une véritable déstructuration de l'état et, dans le but de générer des excédents destinés au payement de la dette, de réduire au minimum la dépense publique en sacrifiant pour cela des dépenses vitales et urgentes en matière de santé, de logement, d'éducation et autres. Les entreprises publiques ont été vendues à des prix dérisoires aux grandes corporations des pays centraux, ce qui a laissé le maximum de place au déploiement de l'« initiative privée » (bien que dans beaucoup de cas les acheteurs étaient des entreprises publiques des pays industrialisés !). Une autre politique imposée à ces états a été l'ouverture unilatérale de l'économie, ce qui a rendu possible l'invasion de biens importés produits dans d'autres pays alors que les indices du chômage domestique augmentaient de façon spectaculaire. Il convient de noter que pendant que la périphérie était forcée de s'ouvrir commercialement, le protectionnisme du

Nord devenait de plus en plus sophistiqué. La dérégulation des marchés, surtout financiers, a aussi été un objectif de la « révolution capitaliste » lancée depuis les années quatre-vingt. Dans leur ensemble, ces politiques ont eu pour résultat d'affaiblir de façon phénoménale les états de la périphérie, réalisant ainsi le rêve capitaliste de marchés fonctionnant sans que l'on ait à s'inquiéter des régulations d'état, ce qui, dans les faits, a rendu les conglomérats d'entreprises plus forts que ceux qui se chargeaient de « réguler » les marchés et ceci, bien évidemment, tout au bénéfice des entreprises transnationales. Comme nous le disions auparavant, ces politiques n'ont été en rien fortuites ni le produit du hasard, puisque le démantèlement des états a augmenté significativement la puissance de l'impérialisme et des firmes et nations étrangères quant à leur capacité à contrôler non seulement la vie économique mais également la vie politique des pays de la périphérie. Bien entendu, rien de tout cela ne se trouve dans *Empire*. Nous y trouvons, en revanche, d'innombrables déclarations sur la fin des relations impérialistes, malgré le fait que la visibilité que celles-ci ont acquise dans les dernières décennies est si marquée que même les secteurs les moins critiques de nos sociétés n'hésitent pas à les reconnaître.

L'historien hondurien Ramón Oquelí donne un exemple concret des conséquences de ce notable affaiblissement de l'état dans les capitalismes périphériques. A propos de son pays au milieu des années quatre-vingt, dans une démocratie fonctionnant à plein régime, Oquelí observe que :

> « (L)'importance des élections présidentielles, avec ou sans fraude, est relative. Les décisions qui concernent le Honduras se prennent d'abord à Washington ; puis dans l'état-major nord-américain à Panama (le Southern Command) ; ensuite, dans l'état-major de la base nord-américaine à Palmerola, ici, au Honduras ; après, à l'ambassade nord-américaine à Tegucigalpa ; en cinquième instance, le chef des forces armées honduriennes

intervient ; et le président de la République n'apparaît qu'en sixième instance. Nous votons donc pour un fonctionnaire de sixième catégorie quant au processus de décision. Les fonctions du président se limitent à l'administration de la misère et à l'obtention de prêts nord-américains » (Cueva, 1986: p.50, traduction personnelle).

Remplacez « Honduras » par le nom de presque n'importe quel pays latino-américain et vous obtiendrez un tableau assez similaire. Bien entendu, la situation militaire prédominante à cette époque attribuait un rôle très particulier aux forces armées. Mais, pour les pays qui ne sont pas confrontés à une grave crise militaire, ce rôle central retombe aujourd'hui aux mains du Département du Trésor et du FMI, et le président peut, dans ce cas, atteindre les troisième ou quatrième niveaux dans le processus de décision, mais jamais plus que cela. Quant à ses fonctions principales, administrer la misère et mendier des prêts aux Etats-Unis, les choses n'ont pas changé. Le cas argentin en est le meilleur exemple.

Pour continuer sur cette problématique de l'état, nos auteurs semblent ne pas pouvoir faire la différence entre formes d'états d'une part et fonctions et tâches de l'état d'autre part. Il ne fait pas le moindre doute que la forme de l'état capitaliste a changé dans le dernier quart de siècle. Etant donné que l'état n'est pas une entité métaphysique mais bien une créature historique, continuellement formée et reformée par les luttes de classes, ses formes peuvent difficilement être considérées comme des essences immanentes indépendantes du processus historique. Par conséquent, les formes de l'état démocratique dans les pays capitalistes avancés ont changé. Dans quelle direction ont-elle évolué ? Vers une véritable régression démocratique, dont certains indicateurs sont les suivants : perte progressive du pouvoir aux mains des congrès et des parlements ; *unaccountability* croissante des gouvernements, en parallèle à une concentration grandissante des pouvoirs des cadres ;

prolifération des sphères secrètes de prise de décision (voir les négociations avortées du MIA, l'approbation accélérée du NAFTA, les négociations actuelles menées en secret pour créer la Zone de Libre Commerce des Amériques etc.) ; réponses gouvernementales déclinantes face aux réclamations et aux exigences de la société civile ; réduction drastique de la compétence des partis du fait du mimétisme des partis majoritaires, selon le modèle du bipartisme nord-américain ; tyrannie des marchés – de fait, des oligopoles qui les contrôlent – qui votent tous les jours et mobilisent l'attention permanente des gouvernements alors que les citoyens votent tous les deux ou trois ans ; de ce fait, tendances logiques à une apathie politique et au retrait vers l'individualisme ; prédominance croissante de grandes oligopoles dans les médias de masse et l'industrie de la culture ; et, enfin, transfert de plus en plus grand des droits de décision de la souveraineté populaire vers certaines des agences administratives et politiques de l'empire, processus qui se vérifie aussi bien dans les « provinces extérieures » de celui-ci que dans son centre même. Dans le cas latino-américain, cela signifie que la souveraineté populaire a été privée de la quasi-totalité de ses attributs et qu'aucune décision stratégique économique ou sociale n'est adoptée dans le pays sans l'avis préalable – et l'approbation – d'une agence de Washington. On le voit bien, une telle situation ne peut que contredire, dans les faits, l'essence même de l'ordre démocratique, la souveraineté populaire en étant réduite à une invraisemblable lettre morte.

Boaventura de Sousa Santos a examiné les changements expérimentés par les états dans la globalisation néolibérale et ses analyses confirment qu'« il n'y a pas une crise globale de l'état, et encore moins une crise terminale de l'état comme le suggèrent les thèses les plus extrêmes des théoriciens de la globalisation » (de Sousa Santos, 1999: p.64, traduction personnelle). Les fonctions hobbesiennes, répressives, de l'état, jouissent de toute leur vigueur aussi bien dans la périphérie que dans le centre du système. Dans la première parce que l'application de politiques fortement répressives est devenue inévitable pour faire face à une organisation capitaliste de plus en plus injuste et inégalitaire, et dans laquelle la foule d'exploités et d'exclus augmente sans cesse. Dans le centre parce qu'une grande partie des problèmes sociaux est transférée au système pénitentiaire, surtout aux Etats-Unis, même si cette situation apparaît, avec des traits moins accusés, dans d'autres pays. L'on estime actuellement que le nombre d'internés dans les prisons nord-américaines s'élève à un total que ne dépasse que la population des trois plus grandes villes de ce pays, New York, Chicago et Los Angeles, et l'écrasante majorité des prisonniers sont noirs ou latinos. Comme le remarque de Sousa, l'état joue encore un rôle crucial dans l'apartheid social du capitalisme contemporain : c'est le Léviathan hobbesien dans les ghettos et les quartiers marginaux alors qu'il garantit les obligeances du contrat social lockéen pour ceux qui habitent dans les opulentes banlieues. Par conséquent, cet état que H&N présentent, dans leur aveuglément, comme en voie d'extinction, continue sa marche, scindé en deux, presque schizophrène : pour les pauvres et les exclus, un état fasciste ; pour les riches, un état démocratique. Mais la vitalité de l'état-nation ne se mesure pas seulement en ces termes. Elle se constate aussi lorsque l'on examine le rôle rempli dans de nombreux autres champs comme l'unification supranationale, la libéralisation de l'économie, l'ouverture commerciale, la dérégularisation du système financier et l'élaboration d'un cadre juridico-institutionnel propice à une protection adéquate des entreprises privatisées et au nouveau modèle économique inspiré du « Consensus de Washington ». « Ce qui est en crise, c'est la capacité de promouvoir des échanges non-mercantiles entre les citoyens », conclut de Sousa Santos (1999: p.64, traduction personnelle).

Tout comme le démontre Ellen Meiksins Wood, l'état-nation est toujours l'agent principal de la globalisation (Meiksins Wood, 2000: p.116). Dans les marchés globaux, le capital a encore plus besoin de l'état qu'avant. Une récente analyse démontre que dans les processus de reconversion économique, les états nationaux des capitalismes métropolitains, loin d'être les « victimes » de la globalisation, ont été ses principaux promoteurs. L'expansion internationale du capitalisme financier, industriel et commercial des Etats-Unis, des pays européens, du Japon, de la Corée du Sud, de Singapour et de Taiwan « n'a pas été un phénomène macroéconomique né à l'intérieur des entreprises » mais bien le produit d'une stratégie politique visant à améliorer la position relative de ces pays sur la scène économique internationale en évolution. Au cœur de cette stratégie, des acteurs tels que le Département du Trésor des Etats-Unis, le MITI au Japon, la Commission Européenne et un ensemble d'agences nationales d'état ont joué un rôle absolument central (Weiss, 1997: p.23). C'est la raison pour laquelle un des gourous patronaux les plus prestigieux des Etats-Unis, Peter Drucker, attire l'attention sur l'étonnante persistance des états face aux importants changements de l'économie mondiale et conclut qu'ils survivront forcément à la globalisation de l'économie et à la révolution informatique (Drucker, 1997: p.160).

En résumé : les marchés globaux rendent possible la concurrence entre les gigantesques corporations qui dominent l'économie mondiale. Comme ces firmes sont transnationales par leur portée et le niveau de leurs opérations, mais qu'elles gardent une base nationale, elles font appel au soutien de « leurs gouvernements » pour réussir dans cette lutte sans pitié et maintenir à distance leurs rivales commerciales. Conscients de cette réalité, les états nationaux offrent à « leurs entreprises » tout un choix de possibilités parmi lesquelles : la concession de subventions directes aux entreprises nationales ; de gigantesques opérations de secours de firmes et de banques couvertes, dans bien des cas, par des impôts appliqués aux travailleurs et aux consommateurs ; l'imposition de politiques fiscales et d'ajustements structurels en vu de garantir de plus forts taux de bénéfice aux entreprises ; la dévaluation ou l'appréciation de la monnaie locale afin de favoriser quelques fractions du capital au détriment d'autres secteurs et groupes sociaux ; des politique de dérégulation des marchés ; des « réformes du travail » destinées à accentuer la soumission des travailleurs, affaiblissant par-là leur capacité de négociation salariale ainsi que leurs syndicats ; garantir l'immobilité internationale des travailleurs en même temps que l'on facilite la mobilité illimitée du capital ; « la loi et l'ordre » garantis dans des sociétés qui souffrent de processus sociaux régressifs de reconcentration de la richesse et des revenus et de processus massifs de paupérisation ; la création d'un cadre légal propice à ratifier, absolument légalement, la corrélation favorable de forces dont ont joui les entreprises dans la phase actuelle ; l'établissement d'une législation qui « légalise », dans tous les pays de la périphérie, la succion impérialiste de la plus-value et qui permette que les superbénéfices des firmes transnationales puissent être librement renvoyés à leurs maisons mères. Voilà quelques unes des tâches que réalisent les états nationaux et que la dénommée « logique mondiale de l'empire » tant exaltée dans les analyses de H&N ne peut garantir si ce n'est à travers cette médiation encore indispensable qu'est l'état-nation (Meiksins Wood, 2000: p.116-117). Ce n'est que si l'on suppose que la classe capitaliste est constituée d'imbéciles profonds que l'on pourra comprendre que ses intégrants les plus éminents et les plus influents travaillent activement à la destruction d'un instrument aussi utile et formidable que celui que représente pour eux l'état-nation (nous nous empressons de préciser, pour que cela ne fasse aucun doute, que l'état capitaliste n'est pas seulement un outil de la bourgeoisie mais beaucoup plus que cela, ce qui n'empêche en rien que cela soit un instrument indispensable dans le processus d'accumulation du capital)[9]. Au vu de tout cela, Ellen Meiksins Wood conclut que:

9 Nous avons examiné cette question en détail dans notre *Estado, Capitalismo y Democracia en América Latina*. Voir Boron, 1997.

« Bien entendu, il est possible que l'état change de forme, et que le traditionnel état-nation fasse place, d'un côté, à des états plus étroitement locaux et, d'un autre côté, à des autorités politiques régionales plus importantes. Mais quelle que soit sa forme, l'état continuera à être crucial, et il est probable que pendant longtemps le vieil état-nation jouera encore un rôle prédominant » (Meiksins Wood, 2000: p.117, traduction personnelle).

Chapitre 6

Le mystère irrésolu de la multitude

La négation obsessive des réalités de l'état-nation conduit H&N à une impasse politique. Revoyons donc un passage d'*Empire* que nous avions commencé à analyser d'un autre point de vue, dans le chapitre cinq de ce travail. Nous y disions qu'en parallèle avec la crise terminale de l'état, on observait « le déclin de tout espace indépendant où la révolution pouvait apparaître dans le régime politique national, ou bien où l'espace social pouvait être transformé en utilisant les instruments de l'Etat » (p.375). Par conséquent, sans l'oxygène d'une dimension spatiale, la flamme de la révolution s'éteint inéluctablement. S'il en est ainsi, comment briser les barreaux de fer de l'empire ? Les auteurs répondent par le silence. Le mot *révolution* est rarement mentionné dans le gros volume que nous analysons. Cinq ou six fois, qui toutes ensemble occupent bien moins de place que les dix pages sur l'étude de la mobilité des populations ou les onze de discussion sur le républicanisme. Comment comprendre un si bruyant silence ?

Les vagues références à la multitude dans le dernier chapitre du livre n'apportent aucune clé pour visualiser la façon par laquelle cet ordre oppressif – bien plus que celui qui le précède, il est bon de le rappeler – pourra être un jour transcendé. Le problème est que ce ne sont pas simplement les références à la multitude qui sont vagues. Michael Hardt a reconnu que « dans notre livre, le concept de multitude fonctionne plus comme un concept poétique qu'effectif » (Cangi, 2002: p.3, traduction personnelle). Hardt a en cela raison parce que, si force est de constater que cette notion a un impact poétique notable, qui la rend extrêmement attractive, elle est, sociologiquement parlant, complètement vide. Ils considèrent que la multitude est la totalité des « subjectivités productives et créatives [qui] expriment (...), nourrissent et développent positivement leurs propres projets constituants » et qui « travaillent pour la libération du travail vivant, créant des constellations de singularités puissantes » (p.92-93). Ainsi, en un coup de crayon, les classes sociales ont disparu de la scène et la distinction entre exploiteurs et exploités et entre faibles et puissants s'est évaporée. Ce qui subsiste de cette opération est une masse amorphe de singularités hautement créatives, ce qui, si c'était vrai, mettrait sérieusement dans l'embarras la thèse qui pose le caractère aliénant du travail et de la vie quotidienne dans les sociétés capitalistes. Si nous confrontons le raisonnement de H&N avec la prosaïque réalité contemporaine de l'Amérique latine, il faudrait se demander si font partie de la multitude : les paramilitaires et les escadrons de la mort qui harcèlent le Chiapas et une bonne partie de l'Amérique centrale, semant la terreur et la mort à leur passage ; les latifundistes qui organisent et financent une grande partie de la répression privée menée dans nos pays, contre les paysans et les indiens ; les spéculateurs financiers et la bourgeoisie qui, par le passé, ont soutenu les régimes militaires et qui aujourd'hui sapent nos démocraties languissantes. Inclut-on dans cette catégorie ceux qui, au nom du capital, gèrent l'industrie culturelle en Amérique latine ? Les paysans, les noirs, les indiens, les *cholos*[10] et les métisses humiliés

10 Les *cholos* sont les métisses d'un blanc et d'une indienne (N.d.T).

et exploités, le « pauvretariat » urbain noyé sous l'exclusion et la misère, les travailleurs qui ont encore leur emploi et les chômeurs, les mères célibataires et les femmes surexploitées, les minorités sexuelles, les enfants des rues, les personnes âgées paupérisées, les employés publics et les classes moyennes appauvries font-ils également partie de la multitude, tout comme les groupes mentionnés plus haut ? Et si non, où situer ce gigantesque conglomérat social ? Et s'ils ont effectivement leur place dans la multitude, à côté des agents sociaux de l'exploitation et de la répression, quelle est l'utilité d'une telle catégorie ? Que décrit-elle, pour ne pas parler de ce qu'elle pourrait expliquer ? Le livre ne nous offre aucune piste là-dessus. Il s'agit, comme le dira Hardt dans l'interview déjà citée, d'une licence poétique. Mais la poésie ne sert pas toujours à expliquer la réalité ou à la changer. Parfois la bonne poésie peut être de la mauvaise sociologie et il semble que cela soit le cas ici.

Mais laissons de côté ces observations désagréables : le programme proposé pour la multitude est expliqué dans le dernier chapitre du livre. La combinaison entre les préceptes de base de la théorie néolibérale de la globalisation et une conception sociologiquement amorphe comme celle de la multitude aboutit à un programme politique prudemment réformiste et, pour comble, peu réaliste. Il y trône un « internationalisme abstrait » qui débouche sur ce que nos auteurs signalent comme le « premier élément d'un programme politique pour la multitude mondiale, une première exigence mondiale : *la citoyenneté mondiale* » (p.480, en italique dans l'original). Nous ne pouvons pas être en désaccord avec cette revendication, vieille aspiration déjà posée par Kant et que Marx et Engels allaient récupérer et redéfinir dans le cadre de l'internationalisme proclamé avec tant de vigueur dans le *Manifeste*. Mais la citoyenneté a toujours signifié un ensemble de droits et de prérogatives, de même que la création de canaux adaptés de la participation politique qui, pour être effectifs et non illusoires, doivent se concrétiser à l'intérieur d'un cadre légal et institutionnel qui dans l'histoire contemporaine, a été fourni par l'état-nation. Qui parle de citoyenneté parle de pouvoir, de relations de force et de l'état comme le cadre basique sur lequel se fonde et s'appuie l'ordre juridique. Etant donné que, selon H&N, l'état est aux prises avec une irréversible décadence, quels sont le cadre et la scène où s'actualisent les potentialités émancipatrices et participatives de la citoyenneté ? L'« internationalisme abstrait » croit que la solution pour la majorité de nos problèmes se trouve dans la prise de pouvoir de la société civile et dans la construction d'une citoyenneté mondiale et cosmopolite. Le problème est que, dans son abstraction olympique, cet internationalisme repose sur « une notion abstraite et peu réaliste d'une société civile internationale ou d'une citoyenneté mondiale » et sur l'illusion que le monde peut changer si la représentation de la gauche et des mouvements populaires – disons pour le moment de la multitude – se renforce au sein des grandes organisations transnationales comme le FMI et autres du même genre (Meiksins Wood, 2000: p.118). Si effectivement l'argument développé dans *Empire* n'est pas très clair là-dessus, il semblerait cependant être dans la droite ligne d'un certain type de raisonnements qui, ces dernières années, sont devenus très populaires grâce aux efforts de toute une gamme d'intellectuels et d'« experts » liés à la Banque Mondiale et autres institutions financières internationales. Ces propositions consistent, principalement dans le cadre des sociétés nationales, en la mise en marche d'un processus de « restitution » à la société civile de fonctions et d'attributions que l'état s'était illicitement approprié. Bien entendu, ces politiques sont « le revers » des privatisations et du démantèlement du secteur public que les institutions financières internationales ont promu ces vingt dernières années. De telles orientations prétendent apporter une solution à la crise déchaînée par la désertion de l'état de ses responsabilités indélégables en matière d'assistanat, d'éducation, de santé et de tellement d'autres choses, léguant à la société civile le devoir de faire front à celles-ci et, au passage, de préserver l'équilibre des comptes fiscaux et, éventuellement, d'assurer leur excédent afin de payer la dette externe. Si cette politique de prise de pouvoir de la société civile est irréelle sur le plan des sociétés nationales, leur transfert sur le terrain international ne fait qu'approfondir ses fissures. La dénommée société civile mondiale, loin d'être libérée des limites de classes qui rendent impossible la pleine expansion des droits citoyens dans les sociétés nationales, en souffre de façon encore plus marquée, sillonnée qu'elle est par des inégalités abyssales, aussi bien économiques que sociales, et par les traits oppressifs inscrits dans ses structures, normes et modèles de fonctionnement. Si la démocratie et la citoyenneté ont été des objectifs aussi élusifs et pratiquement insaisissables dans les capitalismes de la périphérie, pourquoi seraient-ils accessibles sur le terrain bien plus défavorable du système international ? Le prix que H&N payent pour avoir ignoré cela est l'ingénuité extrême de leur proposition, plus proche d'une exhortation religieuse que d'une demande social-démocrate réaliste. Selon eux, les capitalistes devraient reconnaître que le capital est créé par les travailleurs et par conséquent, « insister, dans la post-modernité, sur le principe constitutionnel moderne et fondamental qui lie le droit au travail, et récompense par la citoyenneté le travailleur qui crée du capital » (p.481). L'émancipation de la multitude paraît donc évoluer comme il suit : « (S)i la multitude demande, dans un premier temps, que chaque Etat reconnaisse juridiquement les migrations qui sont nécessaires au capital, elle doit demander dans un deuxième temps, le contrôle de ses mouvements eux-mêmes » (p.481). En conséquence de quoi, nos auteurs concluent que « *(L)e droit général de contrôler ses propres mouvements est l'ultime exigence de la multitude en matière de citoyenneté mondiale* » (p.481, en italique dans l'original). Il est inutile de chercher dans le livre une quelconque discussion sur les raisons pour lesquelles les grandes masses de notre époque doivent émigrer, cherchant désespérément l'exploitation dans les capitalismes métropolitains, puisque la destruction pratiquée dans la périphérie – quand ce n'est pas un génocide silencieux – et la détérioration de toute forme de cohabitation civilisée dans l'apogée du néolibéralisme sont complètement absentes d'*Empire*. Il serait de même inutile de rechercher une argumentation sérieuse sur la portée et les limites que les migrations et le nomadisme auraient dans un projet – révolutionnaire ? – qui permettrait aux multitudes de se prendre en charge et de décider de leurs propres mouvements, mettant ainsi fin à l'esclavage du travail salarié et des sujets formellement libres de la planète. A partir de cela, l'équation migration/nomadisme et libération/révolution prend toutes les apparences d'une illusion.

Le deuxième composant du programme soi-disant émancipateur de la multitude pour vaincre l'empire est le droit à un salaire social et à un revenu garanti pour tous. Cette revendication va encore plus loin puisqu'un salaire familial est aussi exigé, qui mettrait fin au travail gratuit des femmes pour les travailleurs et les membres de leurs familles. La distinction entre travail productif et travail reproductif s'efface dans le contexte biopolitique de l'empire car c'est la multitude tout entière qui produit et reproduit la vie sociale. Ainsi, « la demande d'un salaire social étend à la population entière l'exigence que toute activité nécessaire à la production de capital soit reconnue par une compensation financière correspondante, telle qu'elle puisse être réellement un revenu garanti » (p.484-485). Une fois de plus, de belles intentions qui permettront, dans leur si légère abstraction, de mettre tout le monde d'accord. Mais il faudrait se demander deux choses : premièrement, jusqu'à quel point ce deuxième élément du programme émancipateur n'équivaut pas au « salaire citoyen » qui a été concédé, avec certaines restrictions il est vrai, dans quelques-unes des démocraties les plus avancées du Nord ? Cette proposition est-elle si différente du réformisme social-démocrate modéré en vigueur dans certains pays scandinaves, spécialement en Suède ? Il ne semble pas. L'impression est plutôt qu'il s'agirait d'approfondir une tendance qu'a, chaque moitié de siècle sous ces latitudes, du moins vu d'ici, telle politique qui a mis en échec les capitalistes ou neutralisé le caractère exploiteur des relations bourgeoises de production. Des auteurs comme Samuel Bowles et Herber Gintis, par exemple, ont examiné en détail les différentes expériences internationales de ce qu'ils ont appelé le « salaire citoyen » sans que ne ressorte de leurs analyses aucune conclusion qui permette de valider la thèse que là où le dit salaire a été institué – de façon plus ou moins radicale – la multitude s'est émancipée. Deuxièmement, quelle serait l'attitude de la classe capitaliste, qui accepte si difficilement de payer sans opposer une résistance féroce, face à une mesure comme celle-ci qui malgré ses limites, a un énorme coût distributif ? Cela conduit, bien évidemment, à une discussion que la réflexion post-moderne abhorre mais qui s'impose avec la même évidence que la loi de la gravitation universelle : nous parlons, avec Machiavel, de la problématique du pouvoir et de la manière dont il s'obtient, s'exerce et se perd.

La troisième exigence politique de la multitude est le droit à la réappropriation. Il s'agit d'un droit qui comprend plusieurs dimensions, depuis le langage, la communication et la connaissance jusqu'aux machines et depuis la biopolitique jusqu'à la conscience. Ce dernier composant est particulièrement problématique car il « traite ainsi directement du pouvoir constituant de la multitude – c'est-à-dire du produit de l'imagination créatrice de celle-ci, qui configure sa propre constitution » (p.487). Sur ce point, qui récupère, comme nous le savons, un thème crucial dans la pensée de Toni Negri, le pouvoir constituant, nos auteurs hésitent sans cesse entre la constitution de la multitude comme acteur social – et ici s'ouvre un grand espace de discussion pour savoir jusqu'à quel point ce processus peut être interprété comme le seul résultat de l'« imagination » de celle-ci – et la Constitution des Etats-Unis comme elle apparaît, de façon notablement idéalisée et, par moments, ingénument interprétée par ces auteurs. Cela est évident lorsqu'ils disent par exemple que :

> « la multitude post-moderne arrache à la Constitution américaine ce qui lui a permis de devenir, par-dessus et contre toutes les autres constitutions, une constitution impériale : sa notion d'une frontière de liberté illimitée et sa définition d'une spatialité et d'une temporalité ouvertes célébrées dans un pouvoir constituant » (p.488).

Cette interprétation pose quelques problèmes. Premièrement, croire que la dénommée multitude post-moderne connaît la Constitution nord-américaine ou quelque chose qui s'en approcherait, ses débats et ses leçons, ce qui reste, dans le meilleur des cas, une hypothèse fort improbable. Si sous l'enseigne de « multitude », H&N incluent les plus de deux millions de personnes qui survivent à peine avec deux dollars par jour, sans eau potable, sans égouts, sans énergie électrique et sans téléphone, sans aliments ni logement, il devient un tant soit peu difficile de comprendre comment ceux-ci feraient pour percevoir les merveilleuses leçons d'émancipation de la Constitution des Etats-Unis. Si au contraire, les auteurs font référence aux étudiants diplômés de Duke ou de Paris, alors les chances augmentent, quoique relativement. Mais ce sont là de petits détails. La question la plus sérieuse est l'incroyable idéalisation qu'ils font de la Constitution nord-américaine. Noam Chomsky a soutenu plusieurs fois que cet instrument légal, tant admiré par les auteurs d'*Empire*, est une créature conçue « pour maintenir la plèbe à distance » et pour éviter que, même par accident ou par erreur, la populace ne puisse avoir la mauvaise idée – ne parlons même pas de la possibilité pratique ! - de vouloir régir le destin des Etats-Unis ou de se gouverner elle-même. La Constitution nord-américaine est délibérément et consciemment anti-démocratique et anti-populaire, comme l'ont voulu ses principaux créateurs. Pour James Madison, la principale tâche de la Constitution est d'« assurer la suprématie des intérêts permanents du pays, qui ne sont rien d'autre que les droits à la propriété ». Cette opinion d'un de ses rédacteurs est probablement passée inaperçue aux yeux de H&N, mais sa force oblige à replanter sérieusement le rôle que ces derniers assignent à la Constitution des Etats-Unis, surtout s'il l'on prend en compte que les mots de Madison ont été prononcés à une époque où une grande partie du territoire nord-américain était organisée en économie esclavagiste. Personne ne pouvait donc soupçonner à ce moment que la Constitution naissante pourrait un jour devenir un repère pour l'émancipation de la multitude, alors majoritairement esclave. Cela va même plus loin : pour éviter les attaques aux droits de propriété, Madison a astucieusement inventé un système politique qui décourageait la participation populaire (chose qui perdure de nos jours, avec la plus basse participation des citoyens aux processus électoraux qui, de plus, s'effectuent les jours de semaine), et a fragmenté le processus de prise de décision tout en réaffirmant les équilibres institutionnels qui garantissent que le pouvoir reste fermement aux mains de ceux qui contrôlent la richesse des Etats-Unis. Tout comme l'observe Chomsky, ces interventions de Madison dans le débat constitutionnel de Philadelphie sont bien moins connues que ce qu'il clamera dans les fameux *Federalist Papers*, mais certainement bien plus révélatrices du véritable esprit de la Constitution que les déclarations formelles destinées au grand public. Ce n'est pas par hasard, comme le souligne le brillant linguiste du MIT, que dans un pays où l'industrie éditoriale est si dynamique, la dernière édition de ces débats date de 1838 : l'on ne jugeait pas opportun que les idées que ces messieurs examinaient dans la convention soient connues du peuple nord-américain (Boron, 2000[b]: p.228). En somme, la Constitution des Etats-Unis pourrait difficilement être une invitation à traverser « les infinies frontières de la liberté » comme le proclament candidement nos auteurs, puisque aujourd'hui encore et malgré ses réformes successives (l'une d'entre elles a établi l'interdiction de consommer des boissons alcoolisées !), cet instrument légal empêche la multitude des Etats-Unis de choisir directement son président. Cela permet, par exemple, qu'au cours de la dernière élection présidentielle, le candidat arrivé second en quantité de votes des citoyens ait atteint légalement la présidence, et cela grâce aux normes et procédures établies dans la Constitution des Etats-Unis tant et tant admirée. Apparemment nos auteurs n'avaient pas remarqué les dangers compris dans un texte constitutionnel si prometteur.

La question des droits de réappropriation pose un autre problème : H&N ont les pieds sur terre quand ils écrivent que « le droit de réappropriation (...) est avant toute chose, [le] droit à la réappropriation des moyens de production ». Les vieux socialistes et communistes, disent-ils, exigeaient que le prolétaire puisse avoir libre accès aux machines et au matériel dont ils avaient besoin pour la production. Mais étant donné qu'un des signes distinctifs de la post-modernité est l'avènement de ce que H&N appellent « la production immatérielle et biopolitique », la vieille exigence de la gauche et des syndicats a subi quelques transformations. Désormais, la multitude n'utilise plus seulement des machines pour la production mais, selon ces auteurs, « elle devient elle-même de plus en plus machinique, les moyens de production étant de plus en plus intégrés aux esprits et aux corps de la multitude ». La conséquence de cette mutation est qu'une véritable réappropriation requerrait de garantir le libre-accès non seulement aux machines et aux équipes mais également « [à] la connaissance, l'information, la communication et les affects, parce que ce sont quelques-uns des moyens premiers de la production biopolitique » (p.488). Maintenant, voyons les inconvénients majeurs que pose cette argumentation. Tout d'abord, comment lier la connaissance, l'information et la communication aux altérations des moyens de production « classiques » et du matériel encore indispensables à la production de la majorité des biens nécessaires à la bonne marche de la vie de cette planète ? Ou serait-ce que nous sommes en présence de segments autonomisés de la production biopolitique post-moderne ? La connaissance, l'information et la communication peuvent-elles circuler librement à travers toutes les classes, strates et groupes de l'empire ? Comment rendre compte des traits monopolistiques croissants que les industries de l'information et de la communication de masse ont acquis dans le monde entier ? Et en ce qui concerne la connaissance, que dire des licences et du thème, fondamental pour les Etats-Unis, des droits de propriété intellectuelle, nouvelle forme de pillage à charge des principales entreprises transnationales des pays industrialisés qui saccagent des continents entiers avec le soutien de leurs gouvernements ?

Ensuite, devons-nous supposer que ceux qui possèdent et/ou ceux qui contrôlent ces nouveaux et très complexes, et très coûteux, moyens de production cèderont pacifiquement leur propriété et leur contrôle, abandonnant si facilement les fondements mêmes de leur richesse et de leur domination politique ? Pourquoi procèderaient-ils de cette manière, inédite dans l'histoire millénaire de la lutte des classes ? Seront-ils induits à agir ainsi parce que leurs cœurs seront attendris par la radieuse vision de la multitude auto-constituée et marchant avec jubilation vers sa libération ? Si ce n'est pas le cas, que pourraient recommander nos auteurs face à l'inévitable intensification de la lutte des classes et de la répression politique que déchaîneront certainement les initiatives émancipatrices de la multitude ?

La quatrième dimension du programme politique de la multitude est l'« organisation de la multitude comme sujet politique – en tant que *posse* » (p.493). Les auteurs introduisent ici le terme latin *posse* pour désigner le pouvoir comme verbe, action. Ici, *posse* « représente ce qu'un corps et un esprit peuvent faire » (p.489). Dans la société post-moderne, le pouvoir constituant du travail peut s'exprimer en tant que droit égalitaire à la citoyenneté dans le monde entier ou que droit à communiquer, à construire des langages et à contrôler des réseaux communicationnels, mais également en tant que pouvoir politique, c'est-à-dire « comme la constitution d'une société dans laquelle la base du pouvoir se définit par l'expression des besoins de tous » (p.492). A partir de cela, H&N concluent dans un surprenant triomphalisme : « la capacité de construire des lieux, des temporalités, des migrations et de nouveaux corps affirme déjà son hégémonie à travers les actions de la multitude contre l'Empire » (p.493). Ils préviennent, malgré tout, qu'il reste encore une difficulté : « le seul événement que l'on attend toujours est la construction – ou plutôt le surgissement – d'une puissante organisation » (p.493). Ils reconnaissent avec sagesse qu'ils n'ont aucun modèle à offrir quant à l'organisation et que « [s]eule la multitude, par le biais de son expérimentation pratique, offrira les modèles et déterminera quand et comment le possible devient réel » (p.493). Ils offrent néanmoins quelques pistes dans un chapitre précédent, en disant que « les héros réels de la libération du Tiers-monde, aujourd'hui, pourraient bien avoir été les émigrants et les flux de population qui ont détruit les anciennes et les nouvelles frontières. De fait, le héros postcolonial est celui qui transgresse continuellement les frontières raciales et territoriales, qui détruit les particularismes et indique la voie d'une civilisation commune » (p.438)[11]. Affirmation fortement énigmatique que celle-ci car elle induit à penser que les multitudes du Tiers-monde ont triomphé dans leur tentative de se libérer par elles-mêmes, révélation de la plus haute importance pour les quatre cinquièmes de la population mondiale, et que le héros de taille de cette épopée n'est autre que le migrant qui a laissé sa terre natale pour s'introduire, presque toujours illégalement, en Europe ou aux Etats-Unis à la recherche d'une vie meilleure.

11 Nous différons ici avec la traduction française de Denis-Armand Canal. Le texte original dit explicitement « common civilization » et non « nouvelle civilisation ». Il nous semble qu'il s'agit d'une différence hautement significative dans le contexte de la théorisation de la puissance créatrice de la multitude développée par Hardt et Negri. C'est la raison pour laquelle nous nous sommes permis d'introduire cette correction.

Chapitre 7

Éléments pour une sociologie de la pensée révolutionnaire en temps de défaite

Le livre se termine par le programme politique de la multitude dont nous avons ébauché les traits les plus généraux dans le chapitre précédent. Une fois de plus, les très bonnes intentions et les nobles objectifs sont desservis par la fragilité de l'analyse. L'appendice par lequel les auteurs concluent le dernier chapitre est d'une éloquence extraordinaire parce qu'elle aborde le thème de la militance et finit par une hallucinante référence à Saint François d'Assise.

Ce court *excursus* commence très bien : H&N y affirment que le militant d'aujourd'hui n'a rien à voir avec le « triste agent maigre de la Troisième Internationale, dont l'âme était toute pénétrée de la raison d'Etat soviétique », mais qu'il s'inspire, au contraire, de la figure des « combattants communistes et libertaires des révolutions du XXème siècle » qui réunit aussi bien les intellectuels persécutés et exilés durant le fascisme, que les républicains de la guerre civile espagnole ou les membres de la résistance anti-fasciste et ceux qui ont combattu pour la liberté dans les guerres anti-colonialistes et anti-impérialistes. La mission du militant a toujours été, et aujourd'hui plus que jamais, d'organiser et d'agir, mais pas de représenter. Il est caractérisé par son activité constitutive et non représentative. « Le militantisme contemporain est une activité positive, constructive et innovante. (...) Les militants résistent à l'autorité impériale d'une façon créative » (p.495). Curieusement, ce raisonnement nous conduit tout droit à Saint François d'Assise. Selon H&N, celui-ci a dénoncé la pauvreté de la multitude à son époque et l'a adoptée comme une règle de l'ordre mendiant qu'il allait fonder peu après, en découvrant dans la pauvreté

> « le pouvoir ontologique d'une société nouvelle. Le militant communiste fait de même, en identifiant dans la condition commune de la multitude son énorme richesse. Par opposition au capitalisme naissant, le *Poverello* refusait toute discipline instrumentale et (...) il proposait une vie joyeuse, incluant tous les êtres et toute la nature, les animaux, 'sœur lune', 'frère soleil', les oiseaux des champs, les hommes pauvres et exploités – tous ensemble contre la volonté de pouvoir et de corruption » (p.496).

Dans la post-modernité, nous nous trouvons une fois de plus « dans la situation de Saint François, opposant à la misère du pouvoir la joie de l'être » (p.496). L'aboutissement de cette dangereuse analogie ne peut être autre qu'une réflexion très spéciale sur la révolution, « une révolution qu'aucun pouvoir ne contrôlera – parce que le biopouvoir et le communisme, la coopération et la révolution restent ensemble, en tout amour, toute simplicité et toute innocence. Telles sont l'irrépressible clarté et l'irrépressible joie d'être communiste » (p.496).

Mais alors, que proposent H&N ? Que les multitudes de l'empire, inspirées par l'exemple du saint d'Assise, se mettent à jouer au violon d'harmonieuses mélodies qui charment les léviathans de la globalisation néolibérale, tout comme le faisait Saint François avec les animaux de la forêt ? Ou que la candeur et le chant de la vie des multitudes innocentes et productives convainquent les maîtres du monde de leur indignité et de leur culpabilité et que ceux-ci renoncent à tout jamais à leurs prérogatives, leurs richesses et leurs privilèges ? Il ne nous reste donc plus qu'à attendre, pour le bien de l'humanité, que le futur de ces nouveaux militants communistes post-modernes soit un peu plus aventureux que celui de l'ordre franciscain, et que les résultats de leur militantisme soient plus productifs dans l'éradication de la pauvreté et la réalisation de l'émancipation humaine que ceux qu'ont obtenus, à l'époque, les prières et les sacrifices de l'Ordre des Frères Mineurs.

Une lecture attentive d'*Empire* nous amène à conclure que leur tentative d'effectuer une analyse sophistiquée de l'ordre mondial échoue avec fracas. Comment expliquer l'aveuglement de ces deux académiciens communistes face à la nature impérialiste inhérente au système international ? Tout au long de ce texte, nous avons mentionné quelques-uns des facteurs qui selon nous, doivent être pris en compte pour expliquer un résultat aussi malheureux : un point de départ incurablement formaliste et juridiciste ; la fragilité des instruments d'analyse de l'économie politique ; l'absence de certaines données économiques très élémentaires ; l'adoption ingénue de beaucoup des axiomes du consensus néolibéral et du post-modernisme ; les héritages confus du structuralisme et de leur rejet viscéral du sujet et enfin, surtout, les effets perturbants d'une théorie de l'état radicalement fausse.

Mais étant donné le formidable calibre intellectuel de H&N, et spécialement du philosophe italien du fait de la richesse de son parcours dans le champ de la philosophie sociale et politique du marxisme, comment expliquer un résultat aussi décevant ? Dans un remarquable travail, Terry Eagleton fournit quelques clés qui selon nous, peuvent être utiles pour répondre à cette interrogation. Afin de faciliter la compréhension de son argument, Eagleton nous invite à nous figurer l'impact qu'exerce sur le mouvement contestataire radical son écrasante défaite, qui semble effacer de l'agenda public actuel les thèmes et les propositions de celui-ci non seulement pour le restant de nos vies mais aussi, peut-être, à tout jamais. Au fil du temps, les thèse centrales du mouvement pèchent moins par erreur que par insignifiance. Ses opposants ne trouvent plus aucune raison de débattre avec ses arguments ou de les réfuter, et les considèrent désormais avec curiosité et indifférence « comme ce que l'on pourrait ressentir face à la cosmologie de Ptolémée ou à la scolastique de Thomas d'Aquin » (Eagleton, 1997: p.17, traduction personnelle).

Quelles sont les alternatives pratiques qui s'ouvrent pour les contestataires devant la catastrophe politico-idéologique que nous décrivons, alors qu'un monde de vérités apparemment immuables et objectives, de structures déterminantes, de « lois de mouvement » et de causes effectives s'évanouit comme une brume matinale et qu'à sa place survient une galaxie voyante de fragments sociaux, de contingences hasardeuses et de fugaces circonstances dont les combinaisons infinies ont provoqué la faillite non seulement du marxisme mais également de tout l'héritage théorétique du Siècle des Lumières ? Eagleton assure que pour la « sensibilité post-moderne », les idées centrales du marxisme sont moins combattues qu'ignorées : la question n'est pas si elles sont vraies ou non, mais, comme l'affirment ses critiques, qu'elles sont devenues insignifiantes. Le Mur de Berlin a été détruit ; l'Union Soviétique a volé dans les airs en une gigantesque implosion et n'est plus aujourd'hui qu'un lointain souvenir ; le capitalisme, les marchés et la démocratie libérale semblent triompher dans le monde entier ; le Pacte de Varsovie s'est dissous dans la honte ; la sociale-démocratie accueille à bras ouverts le néolibéralisme ; la Chine s'ouvre au capital étranger et entre dans l'OMC ; et ce qui s'appelait autrefois le « champ socialiste » a disparu dans l'arène internationale. Que faire ?

Eagleton nous propose quelques alternatives intéressantes, qui éclairent à la fois la voie qu'auraient pu prendre nos auteurs et celles qu'ont pris beaucoup de ceux qui, dans l'Amérique latine des années soixante et soixante-dix, ont prôné l'imminence de la révolution et préparaient leurs armes dans l'attente du « jour décisif ». Il y en a une partie qui est passée à droite, par cynisme ou avec sincérité. D'autres sont restés à gauche, mais nostalgiques et résignés face à l'inéluctable dissolution de leur identité. D'autres encore se voilent la face et font preuve d'un triomphalisme démentiel, voyant dans les indices les plus ténus de mobilisation populaire des signes sûrs de l'imminence de l'étincelle révolutionnaire. Il y a ceux, enfin, qui conservent l'impulsion radicale mais qui, pour cela, doivent la replacer dans un champ autre que politique (Eagleton, 1997: p.17, traduction personnelle).

Hardt et Negri se trouvent assurément dans le champ complexe de cette quatrième et dernière catégorie. Ils n'ont pas viré à droite comme l'ont fait, par exemple, Régis Debray ou, entre nous, Mario Vargas Llosa. Ils ne sont pas non plus restés noyés dans une douloureuse perception de la défaite d'idées auxquelles ils continuent à croire, ni ne se sont aveuglés et, faisant comme si de rien n'était, parcourent la planète à la recherche de signaux infaillibles qui annonceraient le retour de la révolution. Leur attitude a été bien plus saine : ouverture, recherche, reconstruction. Un processus de ce type court bien sûr le risque inévitable d'accepter involontairement une prémisse qui à la longue, peut complètement frustrer le projet rénovateur : l'idée « que le système est, du moins pour le moment, invincible » (Eagleton, 1997: p.17, traduction personnelle). Ce présupposé a toute une série de conséquences théoriques et pratiques qui, comme nous le verrons, se sont clairement effacées dans l'agenda post-moderne. D'une part, un intérêt quasi-obsessif pour l'examen des formes sociales qui naissent dans les marges ou dans les interstices du système ; d'autre part, la recherche de ces forces sociales qui, du moins momentanément, peuvent oser certaines transgressions contre le système ou qui peuvent générer quelques formes de subversion limitées et éphémères. Célébrer le marginal et l'éphémère, considérer *a priori* que le minoritaire est libérateur (occultant le rôle que remplit la minorité très spéciale qu'est la bourgeoisie) et diaboliser le massif et le central, le non marginal, voilà qui fait partie de ce nouvel ethos politico-culturel. Si le système semble à la fois inexpugnable et oppressif, abandonner une théorisation « moderne » comme l'est la théorie marxiste ne laisse plus d'autre échappatoire que de recourir à sa négation purement théorique. Ainsi « l'autre », le différent, s'érige comme le présupposé antagoniste de l'ordre existant. Et c'est précisément cette « autreté » qui garantit la radicalité de son antagonisme, en le rendant inassimilable et, du même coup, l'unique alternative (illusoire) au système.

Cette élaboration, conséquence directe de son point de départ, l'invincibilité du système, aboutit à ce qu'Eagleton appelle le « pessimisme libertaire » (Eagleton, 1997: p.19, traduction personnelle). Pessimisme, parce que le système apparaît comme omnipotent et asservissant ; libertaire, parce que cela permet de rêver à de multiples subversions et dépassements du système, mais sans que cela implique l'identification des agents en chair et en os capables de concrétiser pratiquement de telles rêveries. Le système est partout et interdit la distinction entre « dehors » et « dedans » : ce qui est « dehors » fait partie de sa machinerie et est complice ; ce qui est « dedans » est impuissant à le doubler. De là le pessimisme radical qui dirige cette pensée, par-delà ses intentions officiellement révolutionnaires.

Le texte d'Eagleton – écrit précisément au moment où H&N se sont mis à la rédaction d'*Empire* – est extraordinairement enrichissant et anticipe avec une justesse notoire certains des traits généraux de la théorisation développée ici. L'empire est, comme le système, omniprésent et si les auteurs n'affirment en aucune façon qu'il est invincible, le ton de leur argumentation est mâtiné d'une note prédominante de pessimisme qui fait beaucoup penser à une capitulation définitive. Dans tout le livre, les forces de l'ordre et de la conservation sont présentées comme infiniment plus puissantes et plus efficaces que celles censées démonter l'empire. Contre les pouvoirs de la bombe, de l'argent, du langage et des images, survient le « héros » tiers-mondiste qui au lieu de la révolution, choisit l'émigration. L'empire, de plus, n'admet pas un « dehors » et un « dedans » ; nous sommes tous « dedans » et, bien que cela ne soit pas dit explicitement, nous sommes tous soumis à ses arbitrages et à ses arguties oppressives. Ce qui peut le détrôner est l'imprévisible action de l'« autre » idéalisé, de la multitude, caractérisée par l'infinie combinaison de singularités inépuisables. Les classes et le peuple, catégories appartenant, soi-disant, à l'époque où le capitalisme « national » et l'état-nation existaient encore, se volatilisent dans l'œuvre de H&N et cèdent la place à la négativité pleine d'espoir de la multitude. Et certains faits que les auteurs définissent comme des portes-parole d'une réponse radicale au système – « différence », « hybridation », hétérogénéité et mobilité incessante – sont, comme le remarque bien une fois de plus Eagleton, « inhérents au mode de production capitaliste et, de ce fait, en aucune manière des phénomènes intrinsèquement radicaux » (Eagleton, 1997: p.21, traduction personnelle).

Quoi qu'il en soit, ce syndrome est loin d'être complètement inédit dans l'histoire du marxisme et de la pensée révolutionnaire. Perry Anderson l'avait détecté avec son habituelle perspicacité dans son livre clé publié à une date très spéciale, 1976, au moment précis des obsèques du capitalisme keynésien, de l'échec fracassant de la stratégie social-démocrate (généré aussi bien par les partis socialistes que par les partis communistes, en Italie, en France et en Espagne tout particulièrement) et des premiers signes de la contre-révolution néolibérale. Il s'agit bien entendu de *Considerations on Western Marxism*, livre qui vise à examiner une autre période historique, les années vingt et le début des années trente, également marquée au fer rouge par le signe de la défaite. Nous ne souhaitons pas reconstruire ici un dialogue imaginaire entre Eagleton et Anderson, ce qui, cependant, nous aiderait sans aucun doute à relever le défi d'essayer de comprendre la déviation théorique dont *Empire* est l'emblème.

Défaite dans les années vingt, nouvelle défaite dans les années quatre-vingt, voilà qui est dans la droite ligne de ce que Hannah Arendt allait décrire avec tant de subtilité dans son analyse des avatars qui ont bouleversé la vie de brillants hommes et femmes dans ce que Bertolt Brecht appellera les « années sombres ». Une vue d'ensemble des vies de Rosa Luxemburg, de Walter Benjamin ou de Bertolt Brecht lui-même, pour ne citer que ceux qui ont brûlé leurs existences au nom des idéaux socialistes, nous fournit quelques leçons fort intéressantes. Par exemple, que jusqu'au moment de la catastrophe, la réalité est restée cachée sous une foule de discours, de doubles discours et de divers dispositifs qui, grâce au travail des fonctionnaires et des intellectuels de bonne volonté, éludaient tout élément désagréable et dissipaient les soupçons les plus raisonnables. Puis, tout d'un coup, survenait la tragédie (Arendt, 1968: p.viii). Hardt et Negri ne seraient-ils pas victimes de cette aporie qui semble régir la production intellectuelle des hommes qui vivent dans des temps obscurs ? Nous ne pouvons le savoir. En tous cas, Eagleton nous fournit quelques clés pour comprendre les difficultés qu'ont les intellectuels de gauche à rendre compte des aspects les plus imposants de notre époque. Anderson en ajoute d'autres qui s'articulent parfaitement avec celles d'Eagleton. Ce marxisme de la défaite « a complètement inversé la trajectoire même du développement intellectuel de Marx » (Anderson, 1976: p.52, traduction personnelle). Si le fondateur du matérialisme historique est passé de la philosophie à la politique puis à l'économie politique, la tradition du « marxisme occidental » a inversé ce parcours et a rapidement cherché refuge – aussi bien pour se protéger des rigueurs de la défaite de la révolution dans des régimes fascistes que des frustrations issues de son « triomphe » et de sa consolidation en URSS – dans les régions les plus reculées de la philosophie. Le transfert du jeune Marx de la philosophie à la politique se fonde sur la conviction que « la radicalité d'une critique sociale exige d'aller au-delà de l'homme abstrait et que, pour comprendre cet homme en question, il est nécessaire d'entrer dans l'anatomie de la société civile » (Boron, 2000[a]: p.302, traduction personnelle)[12]. En revenant sur les pas de Marx, au lieu d'approfondir et de continuer à avancer, la réflexion philosophique et épistémologique a repris le devant de la scène, éclipsant complètement les préoccupations politiques, économiques et historiques du fondateur du matérialisme historique. En parallèle de cette réorientation vers le philosophique et le métaphysique, qui se discerne clairement à la lecture d'*Empire*, on assiste à ce qu'Anderson a signalé comme l'une des caractéristiques distinctives du marxisme occidental d'entre-deux-guerres : l'ésotérisme du langage et son inaccessibilité aux non-initiés. « Excéder le quotient de complexité verbale minimum nécessaire a été un signe de son divorce avec toute pratique populaire » nous dit-il (Anderson, 1976: p.54, traduction personnelle). Cette prolifération conceptuelle se manifeste dans quelques symptômes qui réapparaissent également dans le livre de H&N : un langage inutilement abstrus et embrouillé, une syntaxe par moments impénétrable, une profusion gratuite de néologismes qui ne sert qu'à rendre le texte encore plus hermétique. Enfin, troisième élément constitutif de cette régression théorique : « face à l'absence de pôle magnétique d'un mouvement révolutionnaire de classe, l'aiguille de la tradition marxiste s'est mise à pencher de plus en plus vers la culture bourgeoise contemporaine ». Anderson conclut que « la relation originale entre théorie marxiste et pratique prolétaire a été subtilement mais fermement substituée par une nouvelle relation entre théorie marxiste et théorie bourgeoise » (Anderson, 1976: p.55, traduction personnelle). L'on peut vérifier cet argument tout simplement en faisant la liste des auteurs évoqués par H&N, parmi lesquels peu, très peu ont à voir avec les grandes luttes menées par les classes et secteurs populaires au cours de ces vingt dernières années.

---

12 Cet itinéraire de Marx constitue encore aujourd'hui une source permanente de malentendus et de simplifications grotesques. L'on trouvera un développement détaillé sur ce point dans notre ouvrage, Boron, 2000[a], auquel nous renvoyons le lecteur qui s'intéresserait à ce sujet.

Dans une interview récente, Michael Hardt a offert quelques éléments intéressants pour comprendre les raisons de la stupéfiante régression théorique effectuée dans *Empire*. Hardt y observe qu'à l'époque de Marx, la pensée révolutionnaire reconnaissait trois sources principales d'inspiration : la philosophie allemande, l'économie politique anglaise et la politique française. « De nos jours (...) les orientations ont changé et la pensée révolutionnaire trouve son orientation dans la philosophie française, la science économique nord-américaine et la politique italienne » (Hardt, 2001, traduction personnelle). Hardt a raison dans la mesure où cette réflexion s'applique aux orientations de son travail et non aux sources d'inspiration de la pensée révolutionnaire. En effet, le poids qu'ont la philosophie française et les théories économiques en vogue dans les écoles d'administration d'entreprises des Etats-Unis est prédominant dans *Empire*. Bien évidemment, rien ne laisse supposer que ces nouvelles sources théoriques constituent une avancée dans le perfectionnement et le développement d'une théorie sur le capitalisme dans son étape impérialiste et, encore moins, dans l'élaboration d'un « guide d'action » qui signalerait le chemin que doivent prendre les forces sociales de la transformation et du changement. Au lieu de la dialectique hégélienne, avec son emphase sur l'historicité et la transitorité de toutes les institutions et pratiques sociales et le caractère contradictoire de l'existence sociale, la pensée contestataire contemporaine cherche à rénover son arsenal théorique dans des sources aussi douteuses que le structuralisme ou le post-structuralisme, la sémiologie, la psychanalyse lacanienne et toute une série de versants philosophiques caractérisés par leur adhésion au post-modernisme. De plus, il est impossible de considérer comme un pas en avant le transfert de l'économie politique à la science économique nord-américaine, dont l'étroitesse de vue, le formalisme pseudo-mathématique et la superficialité sont désormais universellement reconnus. Insinuer que le remplacement de figures tels qu'Adam Smith et David Ricardo par des pygmées comme Milton Friedman ou Rudiger Dornbusch puisse être un indice annonciateur de la construction d'une pensée de gauche est, pour le dire gentiment, une erreur monumentale. Enfin, affirmer que la politique italienne – ancien foyer du plus important parti communiste de l'hémisphère occidental et aujourd'hui dominée par le répugnant personnage de Silvio Berlusconi – est une nouvelle source d'inspiration en comparaison avec la France du XIXème siècle avec ses grandes insurrections populaires et la merveilleuse expérience de la Commune de Paris, premier gouvernement de la classe ouvrière dans l'histoire universelle, revient à confesser avec candeur une erreur appelée à avoir des conséquences désastreuses aussi bien sur le plan théorique que pratique.

Ceci dit, même en prenant en compte les considérations précédentes, nous ne pouvons que nous demander comment un intellectuel du niveau d'Antonio Negri, qui a écrit certains des livres et des articles les plus importants que la tradition marxiste ait produits dans ce dernier quart de siècle, a pu écrire un livre comme celui-ci où il semble oublier presque tout ce qu'il pensait avant[13]. Il ne fait aucun doute que Negri ait été l'un des plus importants théoriciens marxistes. Né à Padoue, Italie, en 1933, il fait ses études de Philosophie à l'université de sa ville natale et dans les années soixante, est désigné professeur de Théorie de l'Etat dans le Département de Sciences Politiques de Padoue. En parallèle, son implication pratique dans la politique italienne fait de lui un des leaders de *Potere Operaio* et une des figures les plus en vue de la gauche italienne, très critique envers la ligne politique et théorique du PCI. En 1979, Negri est arrêté et envoyé en prison à la suite d'un procès complètement vicié et d'une nullité indubitable. Il est accusé d'être le mentor intellectuel des Brigades Rouges et de leurs actions terroristes, dont l'assassinat du Premier Ministre Aldo Moro. En 1983, le Parti Radical Italien, un mélange modéré de libéralisme et de

13 Sans pour autant enlever les mérites de Michael Hardt, intellectuel plus jeune dont la trajectoire politique et intellectuelle n'est pas encore comparable à celle de Negri..

social-démocratie, présente sa candidature au parlement afin de faire pression sur le gouvernement italien pour qu'il révise la sentence judiciaire. Elu député par le vote populaire, son immunité parlementaire lui permet alors de sortir de prison. Peu de temps après, la majorité gouvernementale au parlement – avec la complicité infâme des votes du banc du PCI, en un geste politique scandaleux – réussit à lui enlever son immunité et Negri, comme beaucoup de combattants anti-fascistes auparavant, s'exile en France. Déclaré rebelle par la justice italienne déjà complètement corrompue, Negri est condamné à trente ans de prison, pour « insurrection armée contre l'état » accompagné de quatre ans et demi supplémentaires pour sa « responsabilité morale » dans les violents affrontements de Milan entre la police, les étudiants et les ouvriers entre 1973 et 1977.

Son séjour en prison ne l'a pas empêché d'écrire à profusion des textes parmi lesquels il convient de distinguer *L'Anomalie Sauvage* publié en 1981. Auparavant, Negri avait déjà publié certaines de ses principales contributions à la théorie marxiste comme *Operai e Stato. Fra Rivoluzione d'ottobre e New Deal* (1972), *Crisi dello stato-piano* (1974), *Proletari e Stato* (1976), *La Forma Stato. Per la Critica dell'Economia Politica della Constituzione* (1977), *Marx oltre Marx* (1979), et un article sur la restructuration capitaliste de la Grande Dépression, « Keynes et la théorie capitaliste de l'état », publié à l'origine en Italie puis traduit dans plusieurs langues et reproduit dans *Labor of Dionysus*, livre que Negri écrira des années plus tard avec Michael Hardt. Negri restera en tout quatorze ans en France, entre 1983 et 1997. La protection du gouvernement de François Mitterrand réussit à dissuader les services secrets du gouvernement italien qui au début, ont essayé de le kidnapper. Pendant cette période, il enseigne à la célèbre *Ecole Normale Supérieure* et à l'Université de Paris VIII et, avec d'autres illustres collègues français, il fonde une nouvelle revue théorique : *Futur Antérieur*. Il est évident que pendant son séjour en France, Negri a mis aux archives ses anciennes préoccupations pour la philosophie allemande et a acquis une grande familiarité avec les débats philosophiques français marqués par la présence d'intellectuels tels que Louis Althusser, Alain Badiou, Etienne Balibar, Jean Baudrillard, Gilles Deleuze, Jacques Derrida, Michel Foucault, Felix Guattari, Jacques Lacan, Jean-Francois Lyotard, Jacques Rancière et bien d'autres. Son séjour en France a été une période d'intense élaboration théorique et de profonde réorientation intellectuelle et dans une certaine mesure, politique. Parmi les livres les plus importants publiés à cette époque, l'on trouve *Les nouveaux espaces de liberté* en collaboration avec Felix Guattari (1985) ; *Fabbriche del soggetto* (1987) ; *The Politics of Subversion* (1989) ; *Il potere constituente* (1992) ; *Labor of Dionysus: a critique of the state-form*, co-écrit avec Michael Hardt (1994). En 1997, après le scandaleux effondrement du système institutionnel italien et la crise de la Démocratie Chrétienne et du Parti Socialiste Italien, Negri a mis fin à son exil parisien et est rentré en Italie, où son ancienne sentence avait été révoquée. Il passe quelque temps à la prison de Rebibbia, puis bénéficie d'une nouvelle sentence, réduite et plus bénigne, qui lui permet d'être chez lui de jour dans le *Trastevere* romain, sa seule obligation étant de rentrer à la prison passer la nuit. C'est dans ce contexte qu'il a écrit, conjointement avec Michael Hardt, le livre qui nous occupe ici.

Chapitre 8

La persistance de l'impérialisme

« Les Etats-Unis semblent destinés par la Providence à infester l'Amérique latine de misères au nom de la liberté »
Simón Bolívar

L'objectif principal des auteurs, qu'ils expriment à plusieurs reprises dans les pages d'*Empire* – contribuer à la création d'« une structure théorique générale (...) [qui] constitue une caisse d'outils conceptuels qui permettent de théoriser et d'agir dans l'empire et contre lui » – s'écroule, victime de l'incurable faiblesse de l'analyse. Malheureusement, leur caisse à outils manque de certains des instruments les plus élémentaires pour théoriser sur l'empire et plus encore pour lutter contre lui. Nous pourrions résumer ainsi cette dernière critique : la faute cruciale du livre naît de graves erreurs de diagnostic et de la déconnexion totale ou de l'incompatibilité entre un cadre théorique de nature indiscutablement conservatrice – ou, dans le meilleur des cas, confuse – dérivé principalement du savoir conventionnel du néolibéralisme qui exalte la globalisation et « naturalise » le capitalisme, et la vision floue d'une nouvelle société et d'un nouvel ordre international qu'il faudrait construire sur des prémisses radicalement différentes. Si le diagnostic est erroné, la construction sociale et politique est irrémédiablement condamnée à l'échec. La fragilité de l'analyse saute aux yeux dès la préface du livre. L'autorité citée pour définir le concept fondamental qui donne son nom au livre n'est ni Lénine, ni Boukharine, ni Luxemburg ni, plus près de nous, Samir Amin, André Gunder Frank, Immanuel Wallerstein, Eric Hobsbawm, Samuel Einsestadt, Pablo González Casanova, Agustín Cueva, Alonso Aguilar, Helio Jaguaribe, John Saxe-Fernández, James Petras ou tant d'autres penseurs qui ont contribué à notre compréhension du sujet. Non. C'est Maurice Duverger, politologue français confortablement installé dans les courants les plus conventionnels de la discipline et académicien qui n'a jamais été associé à aucun courant de la pensée politique. Ces limites sont encore plus notoires si l'on observe la facilité avec laquelle nos auteurs font leurs les définitions conventionnelles des théoriciens patronalistes qui conçoivent la globalisation comme un processus « irrésistible et irréversible » devant lequel les états démocratiques doivent s'agenouiller, vaincus par sa seule présence. Il est assez aisé de reconnaître dans cette formulation le vieux piège des idéologues bourgeois pour lesquels le capitalisme n'est rien d'autre que le déploiement « naturel » de la soif d'acquérir et de l'égoïsme de l'être humain, et tout ce qui ne serait pas capitalisme serait « artificiel » ou produit imprudent de la volonté politique. De là à admettre aussi son irrésistibilité et son irréversibilité, il n'y a qu'un pas qui nous installe fermement au cœur même de la pensée néolibérale. Il est incroyable que H&N n'aient pas prêté attention aux commentaires sensationnels faits, il n'y a pas longtemps, par un authentique libéral nord-américain aux solides convictions social-démocrates. Nous parlons de John K. Galbraith, qui a finement soutenu que « la globalisation n'est pas un concept sérieux. Nous, les nord-américains, l'avons inventé pour cacher notre politique de pénétration économique à l'étranger » (Galbraith, 1997: p.2, traduction personnelle).

L'inadéquation entre analyse et objectifs politiques est encore plus flagrante lorsque l'on examine à quel point la « logique mondiale » du système est minée par des contradictions qui, si elles se développaient, pourraient mener à l'effondrement de ce système et à la préparation des bases matérielles et culturelles d'un système alternatif. Mais les auteurs ne semblent pas avoir la moindre conscience de la continuité fondamentale entre la soi-disant « nouvelle » logique de l'empire, ses acteurs essentiels, ses institutions, ses normes, ses règles et ses procédures, et celle de la phase impérialiste qui est, selon eux, terminée. H&N n'ont visiblement pas compris que les acteurs stratégiques sont les mêmes, tout comme les grandes entreprises transnationales mais de base nationale et les gouvernements des pays industrialisés ; que les institutions décisives sont encore celles qui ont marqué de tout leur poids la « défunte » phase impérialiste (le FMI, la Banque Mondiale, l'OMC et autres du même genre) ; et que les règles du jeu du système international continuent d'être celles que dictent principalement les Etats-Unis et le néolibéralisme mondial, et qui ont été imposées par la coercition pendant l'apogée de la contre-révolution néolibérale des années quatre-vingt et du début des années quatre-vingt-dix. Par leur configuration, leur objectif et leurs fonctions, ces règles du jeu ne font que reproduire et perpétuer sans cesse la vieille structure impérialiste sous des apparences de nouveauté. Nous serions bien plus proches de la vérité si, paraphrasant Lénine, nous disions que l'empire n'est rien de plus que l'« étape supérieure » de l'impérialisme. Sa logique de fonctionnement est la même, tout comme l'idéologie qui justifie son existence, les acteurs qui l'animent et l'injustice qu'il engendre, signe de la persistance tenace des relations d'oppression et d'exploitation. Dans les analyses de Marx, les contradictions dans l'évolution de la société bourgeoise la conduisent à son propre dépassement. La logique du développement social était présidée par les luttes de classes et les contradictions entre forces productives et relations sociales de production. Le problème dans les analyses de H&N est que la nouvelle logique mondiale de domination qui préside soi-disant l'empire imaginé par ces auteurs manque de contradictions structurelles ou qui lui soient inhérentes. La seule qui apparaît est la menace que pourrait éventuellement représenter la multitude, si celle-ci se réveillait de la langueur dans laquelle elle se trouve et où elle est maintenue par le travail, grâce aux médias de masse et à l'industrie culturelle bourgeoise. Mais, même en supposant que cette hypothèse soit réaliste, il n'y a rien dans le livre qui puisse convaincre le lecteur qu'il existe, entre l'empire et la multitude, une contradiction structurelle et par conséquent, insurmontable. Au contraire, il serait possible d'étendre l'argument de nos auteurs au point de dire que si les gouvernants agissent avec astuce, il seront en bonne position pour absorber les exigences de la multitude en adoucissant les normes migratoires ou en établissant progressivement un revenu universel garanti. Les cas où les classes dominantes se sont vues forcées d'adopter des politiques progressistes afin de contenir la marée populaire et de coopter de potentiels adversaires sont très fréquents dans l'histoire politique du XXème siècle, et les deux mesures annoncées plus haut ne sont en aucune façon incompatibles avec la survie des relations impérialistes ni avec la continuité de l'impérialisme.

Dans les années quatre-vingt, le néolibéralisme a réussi une bataille stratégique sur le sens des mots utilisés dans le langage courant. Dans de vastes territoires du globe, le mot « réforme » a été employé avec succès pour désigner ce que n'importe quelle analyse un tant soit peu rigoureuse n'aurait pas hésité à qualifier de « contre-réforme ». Ces « réformes » se sont matérialisées dans des politiques qui ne sont pas non plus réformistes, comme le démantèlement de la sécurité sociale, la réduction des prestations sociales, les diminutions des budgets de santé, d'éducation et de logement, et la légalisation du contrôle oligopolistique de l'économie. Le mot « dérégulation », à son tour, a été activement promu par les idéologues néolibéraux et patronalistes tant cités dans *Empire,* pour désigner un processus par lequel les immixtions gouvernementales dans l'économie ont été supprimées afin de restaurer l'« autorégulation naturelle » des processus économiques. De fait, ce que signifie la « dérégulation » est que les anciennes régulations établies par les gouvernements démocratiques – et qui représentaient d'une certaine façon quelque degré de souveraineté populaire – ont été détruites. La capacité à réguler le fonctionnement des marchés est donc restée aux mains des acteurs les plus puissants : les oligopoles. Les facultés gouvernementales de régulation ont été privatisées et transférées aux grandes entreprises. Comme l'a écrit Samir Amin, « tous les marchés sont régulés et ne fonctionnent qu'à cette condition. La question est de connaître qui les régule et comment » (Amin, 2001: p.26, traduction personnelle). En conclusion : tout le sens commun des deux dernières décennies du XXème siècle a été saturé des contenus de l'idéologie néolibérale. Une autre preuve en est l'invraisemblable adoption du dogme qui considère que les entreprises publiques sont toujours inefficaces ou qu'elles produisent des biens et des services de mauvaise qualité, ou que l'état est un mauvais administrateur, ou que les entreprises privées satisfont les demandes et les exigences des consommateurs, que les oligopoles promeuvent le progrès social à travers l'absolue liberté des marchés et qu'enfin, tout comme le prône la « théorie de l'écoulement », si les riches s'enrichissent encore plus, le moment viendra où la richesse concentrée dans les hauteurs de la structure sociale commencera à s'écouler vers le bas, favorisant par-là l'ascension des plus pauvres. Aujourd'hui, tous ces mensonges sont en phase terminale.

Pendant longtemps, l'hégémonie du néolibéralisme n'a pas été uniquement économique et idéologique mais aussi politique. L'on observe également un recul sur ce terrain. L'économie ne réagit pas et après plus de vingt ans de douloureuses expériences, les résultats sont terribles. L'Argentine est simplement le cas le plus récent – mais en aucune façon le seul – qui manifeste pour la énième fois le résultat final des politiques promues par le Consensus de Washington. Les formules politiques du néolibéralisme triomphant, dont les archétypes sont les sinistres figures de Carlos S. Menem en Argentine, Carlos Salinas de Gortari au Mexique et Alberto Fujimori au Pérou, ont démontré leur incapacité à rester au pouvoir et à établir une nouvelle structure de domination adéquate aux nécessités des classes dominantes de l'empire. L'hégémonie idéologique du néolibéralisme – cette capacité à décerner de nouveaux sens contradictoires à de vieux mots – souffre une érosion accélérée. *Empire* pourrait bien devenir un chapitre en retard de cette histoire. Le livre a été publié en 2000 et sa fonction réelle – et admettons que celle-ci ne soit pas celle que prétendent ses auteurs – semble être de rendre plus « dirigeables » les traits de plus en plus atroces et odieux de l'impérialisme de fin de siècle, où la « superpuissance solitaire », pour employer l'expression de Huntington, est frénétiquement affairée à semer des malheurs dans tous les coins du monde. Rien n'aurait pu mieux convenir aux pouvoirs impérialistes, conduits non sans frictions et contradictions par les Etats-Unis, que cette représentation de l'ordre impérialiste métamorphosé en un système fantasmagorique, sans dominateurs ou bénéficiaires identifiables et, surtout, inspiré par les notions juridiques de souche kantienne les plus élevées que seuls les ennemis de la liberté et de la justice pourraient critiquer. Alors que nos auteurs donnaient la touche finale à leur empire métaphysique, les impérialistes se démenaient pour lancer et implanter le Plan Colombie dans le but officiel de stabiliser la situation politique et militaire de ce pays et de contrôler le trafic de drogues dans la région – dont les fonds sont blanchis en masse dans les paradis fiscaux locaux qui survivent grâce à la complaisance de Washington. Ce projet a aussi pour objectif d'établir une base stratégique au cœur de l'Amérique du sud afin d'y gérer les avancées du mouvement populaire au Brésil, comme par hasard siège de deux des organisations de masse les plus importantes du monde occidental : le PT et le MST. Une autre initiative impérialiste d'envergure est le Plan Puebla/Panama, tendant à « solutionner » le conflit – apparemment incommunicable, selon H&N – du Chiapas et au passage, d'établir une présence dans la plus grande réserve aquifère mexicaine, dans le but d'approvisionner tout le sud de la Californie. En-dehors de cela, l'impérialisme a organisé une « intervention humanitaire » dans l'ex-Yougoslavie, a saboté de façon systématique la construction du Mercosur afin de faciliter la rapide « intégration » formelle des économies d'Amérique latine à l'hégémonie nord-américaine à travers l'ALCA, et travaille sans arrêt à s'assurer le concours de certains gouvernements de la région – à genoux, comme en Argentine, au Costa Rica et en Uruguay – pour sanctionner Cuba de soi-disant violations des droits de l'homme et lui faire payer le prix exorbitant de son indocilité face à l'impérialisme nord-américain. Sous d'autres latitudes, leur activisme les amène à soutenir leurs alliés en Turquie pour qu'ils pratiquent sans crainte le génocide de la minorité kurde, qu'ils fassent de même en Indonésie contre les habitants du Timor oriental et contre les Palestiniens dans un état d'Israël livré au gouvernement fasciste d'Ariel Sharon. Quelques années auparavant, l'empire avait envahi Panama, massacrant des milliers de civils innocents au nom du droit universel, afin en réalité de capturer le président Noriega, ex-collaborateur de la CIA et de la DEA, imposé par Washington au sommet du pouvoir d'Etat ; avait fait plus de 30.000 morts dans son offensive contre le gouvernement sandiniste du Nicaragua et conduit à la Guerre du Golfe. Sur le terrain de l'économie, les impérialistes n'ont pas non plus été inactifs : ils ont tenacement promu l'approbation de l'Accord Multilatéral d'Investissements, accord qui légalisera la tyrannie des marchés, spécialement dans le Tiers-monde, et se sont efforcés de garantir que le FMI et la Banque Mondiale ne prêtent pas un centime aux pays qui n'accepteraient pas les « conditionnalités » imposées par les talibans du marché qui gouvernent les institutions financières internationales. Ainsi, dans un emprunt récent, l'Equateur s'est vu forcé d'accepter quelques cent quarante mesures de ce genre – parmi lesquelles des licenciements massifs de fonctionnaires publics, des réductions budgétaires pour les dépenses sociales, la libération des prix, etc. – et divers prêts à l'Afrique sub-saharienne comptaient plus de deux cents de ces mesures, toutes orientées vers la consolidation de la présence des « forces du marché » dans l'économie. D'autre part, l'impérialisme a sans cesse imposé dans les marchés globaux, des politiques économiques qui minent sévèrement la souveraineté économique des pays de la périphérie et diminuent leurs chances de se développer économiquement, de consolider leurs démocraties et de répondre positivement aux expectatives de progrès matériel et spirituel des populations (Stiglitz, 2000). A ce sujet, Leo Panitch a signalé qu'un rapport de la Banque Mondiale démontre que l'année où le MIA a été avorté « il n'y a eu pas moins de 151 changements dans les régulations qui gouvernent les investissements directs étrangers dans 76 pays, et 89% de ceux-ci ont été favorables au capital étranger » (Panitch, 2000: p.16, traduction personnelle). Pablo González Casanova, pour sa part, a développé une méthodologie d'étude des transferts d'excédents de la périphérie tiers-mondiste vers le capitalisme métropolitain. Durant les vingt-trois années comprises entre 1972 et 1995, le volume de ces transferts absorbés par les classes dominantes de l'empire a atteint le fabuleux chiffre de 4,5 billions de dollars (soit 4,5 millions de millions de dollars) ; des calculs effectués selon cette méthodologie, pour l'Amérique latine uniquement, par Saxe-Fernández et Núñez révèlent un chiffre « qui dépasse les 2 billions de dollars payés en deux décennies de néolibéralisme globalisateur, chiffre dont l'ampleur équivaut à la somme des PIB de tous les pays d'Amérique latine et des Caraïbes en 1997 » (González Casanova, 1998; Saxe Fernández et Petras, 2001: p.105 et 111, traduction personnelle).

En un mot, l'oppression impérialiste poursuit imperturbablement son cours tandis qu'une patrouille égarée d'académiciens critiques proclame que l'âge de l'impérialisme est terminé et exalte la figure de Saint François d'Assise comme paradigme du nouveau militantisme contre les spectres d'un empire insaisissable, indéfinissable, introuvable et du même coup, imbattable. Ce que les théoriciens de l'impérialisme comme Brzezinski et Huntington reconnaissent ouvertement disparaît comme par magie dans la « critique radicale » de l'empire. Pendant ce temps, dans la périphérie, quelque 100.000 personnes meurent chaque jour de faim, de malnutrition et de maladies guérissables, sous le coup des imperturbables exactions de cet empire sans impérialisme qui, jour après jour, provoque un bain de sang. Ces personnes meurent sans recevoir le moindre soin médical. Chaque année, un pays de la taille de l'Espagne, de l'Argentine ou de la Colombie est supprimé de la face de la Terre au nom de l'infâme « nouvel ordre international », ordre qui, si nous devons en croire H&N, n'est déjà plus impérialiste (PNUD, plusieurs années).

L'entêtement de H&N à défendre leurs conceptions erronées se révèle être encore pire dans une interview donnée par Negri au *Monde Diplomatique* à la suite de la publication du livre. Cet auteur y insiste sur le fait que l'empire n'a pas de base nationale et qu'il est l'expression d'un ordre international crée par « le capital collectif » une fois victorieux de la longue guerre civile du XXème siècle. « Contrairement à ce que soutiennent les derniers défenseurs du nationalisme, l'empire n'est pas nord-américain ; de plus, tout au long de l'histoire, les Etats-Unis ont été bien moins impérialistes que les britanniques, les français ou les hollandais » (Negri, 2001: p.13, traduction personnelle). Selon Negri, les bénéficiaires de l'empire sont bien les capitalistes nord-américains, mais aussi leurs contreparties européennes, les magnats qui ont construit leur fortune avec la mafia russe et les richards du monde arabe ou d'Asie, d'Afrique ou d'Amérique latine, qui envoient leurs fils à Harvard et leur argent à Wall Street. Clairement, dans cette pseudo totalité de l'empire et dans son insupportable vacuité, ce n'est pas seulement un espace théorique qui manque pour pouvoir faire la distinction entre exploiteurs et exploités, mais également un espace pour concevoir la coalition dominante comme quelque chose qui ne serait pas qu'un amalgame indifférencié de capitalistes. Ainsi, à partir de cette stérilité analytique, le « capital collectif » œuvre au miracle de contrôler l'économie mondiale – que le lecteur se rappelle qu'à peine deux cents méga-corporations transnationales, dont 96% ont leur siège dans seulement huit pays, ont un volume de vente qui dépasse le PIB de tous les pays du globe exceptés les neuf plus riches ! – sans structures, organisations, institutions, hiérarchies, agents, règles ni normes[14]. De plus, si quelque conflit surgissait en son sein, ce serait purement accidentel ou circonstanciel et cela se résoudrait facilement en faisant appel à la bonne volonté de chacune des parties. D'un coup de crayon, l'ordre mondial créé par l'hégémonie nord-américaine dans l'après-guerre s'évapore sous nos yeux et les magnats de la mafia russe semblent avoir la même importance que leurs contreparties nord-américaines. Les principales institutions qui modèlent l'ordre impérialiste international – le FMI, la Banque Mondiale, l'OMC, l'OTAN, l'OCDE et autres analogues – semblent ne pas avoir plus de relations avec Washington que la grande famille d'Osama Ben Laden ou quelque autre magnat du monde arabe, bien que les intellectuels organiques de l'empire insistent pour définir ces institutions comme une partie informelle du gouvernement nord-américain. Selon cette vision fantasmagorique de l'empire, les « conditionnalités » des institutions financières internationales seraient dictées par un milliardaire arabe, un banquier portugais, un baleinier japonais, un oligarque latino-américain et bien entendu un chef d'entreprise nord-américain. De la même façon, les mouvements erratiques des Nations Unies seraient le résultat de l'enchère engagée entre les sujets mentionnés antérieurement. Il n'est pas nécessaire d'être un expert en relations internationales pour identifier l'erreur de toute cette argumentation. Les récents événements du Venezuela

14 Ce à quoi nous ajoutons : les revenus annuels d'Exxon sont presque égaux au PIB de l'Australie ; ceux de Ford sont proches de ceux du Danemark ; ceux de l'entreprise pétrolière anglo-hollandaise Shell représentent quasiment le double de ceux d'un des plus gros producteurs mondiaux de pétrole, le Venezuela. General Motors, de son côté, perçoit chaque année un chiffre supérieur à la somme des PBI de l'Irlande, de la Nouvelle Zélande et de la Hongrie (Restivo, p.24-25).

– l'échec du « coup d'état » contre Hugo Chávez – enlèvent tout doute possible sur la présence persistante et oppressive de l'impérialisme. Depuis plus d'un an, la CIA préparait cette opération, bénie des heures avant même d'avoir eu lieu, manifestation suprême d'un orgueil proche de la stupidité, par le porte-parole de la Maison Blanche (violant les résolutions de l'OEA que Washington met en avant lorsque cela l'arrange) et qui a immédiatement pu compter sur la collaboration « désintéressée » du FMI qui, étrangement et sans que personne ne l'ait sollicité, a offert son aide au nouveau gouvernement alors que celui-ci n'avait été reconnu que par les Etats-Unis et son laquais européen, José M. Aznar, et que la situation n'était pas encore définie. Ce geste du FMI démontre pour la énième fois que cet « organisme multilatéral » est, en réalité, une dépendance mineure de la Maison Blanche.

Ces antécédents invalident complètement l'interprétation faite, dans la droite ligne des thèmes développés dans *Empire*, par Negri dans une récente interview :

« Nous croyons qu'il n'y a pas de lieu de centralisation de l'empire, qu'il faut parler d'un non lieu. Nous ne disons pas que Washington n'est pas important. Washington possède la bombe. New York possède le dollar. Los Angeles possède le langage et la forme de la communication » (Albiac, 2002: p.2, traduction personnelle).

Cela se passe de commentaire.

Epílogue

La renommée et la célébrité sont rarement sœurs de la pensée critique. Comme le démontre l'histoire de la philosophie politique, les esprits contestataires ont presque toujours été persécutés et réduits au silence par les classes dominantes, en une répression plus ou moins brutale. Toni Negri a été victime de cette coercition pendant quasiment trente ans : son militantisme dans les luttes sociales italiennes, tout comme ses notables contributions à la théorie et à la philosophie politiques – domaines également sillonnés par la lutte des classes, bien entendu – lui ont valu la haine de la bourgeoisie italienne et de ses représentants politiques et ont déchaîné sur lui la persécution, la prison et l'exil. Parfois, mais moins souvent, ceux qui ont attenté à l'ordre social en vigueur ont à peine mérité l'indifférence des puissants. Cela a été le cas lorsque les groupes dominants étaient suffisamment sûrs d'eux-mêmes et avaient assez confiance en la stabilité de leur propre suprématie pour se permettre le luxe de pratiquer l'art de la tolérance. Il est évident que cet exercice ne pouvait se faire que si les voix dissonantes n'étaient entendues que par un petit cercle d'adversaires inoffensifs, sans aucune liaison organique avec la société civile et ne représentant donc en aucun cas une menace sérieuse pour les classes dominantes. Par conséquent, comment expliquer que les deux académiciens de gauche que sont Michael Hardt et Toni Negri aient été l'objet d'« éloges infinis » selon John Bellamy Foster, même dans certains des bastions intellectuels les plus élitistes de la bourgeoisie comme le *New York Times,* le *Time Magazine* et l'*Observer* de Londres, auxquels nous pourrions ajouter, dans notre pays, un journal étroitement lié aux factions les plus réactionnaires du capital : *La Nación* ? (Bellamy Foster, 2001).

Maintenant que nous en sommes arrivés à la conclusion de notre analyse, la raison semble être assez claire : l'accueil favorable d'*Empire* par les mandarins de l'*establishment* démontre que ceux-ci ont lu attentivement ce livre, ont bien perçu son message le plus profond et en ont judicieusement conclu qu'il n'y avait rien dedans qui puisse être considéré comme incompatible avec l'idéologie dominante ou avec l'image d'eux-mêmes que souhaitaient montrer les puissants. Si le radicalisme métaphysique de leur récit et leurs allusions abstruses aux contradictions du capitalisme n'ont effectivement pas irrité les intellectuels les plus intolérants de l'empire, l'argument central du livre a, au contraire, fait montre d'une similitude surprenante avec les thèses principales que les idéologues de la « globalisation » propagent de par le monde depuis les années quatre-vingt, à savoir : que l'état-nation a pratiquement disparu, qu'une logique mondiale gouverne le monde et que pour défier cette structure monstrueuse – dont l'identité des bénéficiaires comme des victimes se perd dans l'obscurité – seule existe une nouvelle entité amorphe, la « multitude », qui n'est déjà plus le peuple ni encore moins les travailleurs ou le prolétariat. Néanmoins, malgré les nombreuses innovations apportées au communisme et à la notion de bonne société, qui donnent des frissons aux énergumènes impériaux, le livre que nous critiquons laisse le lecteur orphelin au moment de savoir pourquoi les hommes et les femmes de l'empire devraient se rebeller, par quels moyens et pour créer quel type de société. Bien qu'il soit formellement critiqué dans les pages d'*Empire*, le capitalisme en tant que mode de production inhumain, oppressif, exploiteur et injuste s'évapore dans l'air diaphane de la post-modernité. Il devient, pour ainsi dire, invisible, tout comme l'impérialisme nord-américain, et les deux se trouvent ainsi « naturalisés ». La faim, l'indigence, la mort, les guerres, les maladies et tout le catalogue de misères humaines que l'on a pu observer tout au long du XXème siècle sont transformés, à travers la rhétorique, en une phraséologie opaque et quasi-impénétrable qui, malgré les intentions contraires manifestées par les auteurs, occulte les traits les plus infâmes de la globalisation néolibérale et du capitalisme contemporain.

Pour toutes les raisons exposées dans notre livre, il nous semble hautement improbable que les combattants anti-impérialistes puissent trouver dans *Empire* quelque argument réaliste et persuasif qui éclaire leur chemin ou qui les aide à comprendre ce qui se passe dans le monde. Au contraire, précisément à cause de ses erreurs et de ses confusions, l'on comprend pourquoi ce livre a été accueilli comme une véritable révélation par certains des médias les plus importants de la Terre, intimement associés à la structure impérialiste qui nous épuise. En tout cas, il est bon de savoir, comme le rappelait Hannah Arendt, que « même dans la nuit la plus noire nous avons encore le droit d'attendre une illumination » et que celle-ci viendra probablement moins d'un appareil conceptuel et théorique voyant que des petites lumières qui se dégagent des initiatives adoptées par les hommes et les femmes pour mettre fin, comme le rappelait Marx, à cette douloureuse et barbare « préhistoire » de l'humanité et entrer dans une phase supérieure de civilisation (Arendt, 1968: p.ix, traduction personnelle). Nous voulons croire, quoiqu'il en soit et pour en revenir à l'ouvrage de Hardt et Negri, que les erreurs que nous avons identifiées dans *Empire* pourraient être corrigées dans un nouveau travail de ces auteurs. Dans le cas de Negri, nous avons tendance à penser que les problèmes détectés dans ce livre peuvent être dus aux distorsions d'un exil prolongé, même à Paris ; à l'impossibilité de voyager dans le monde pour constater, de ses propres yeux, les sinistres réalités de l'impérialisme ; et enfin à l'étrange atmosphère intellectuelle parisienne, dont le provincialisme et la splendide auto-référentialité ont été à plusieurs reprises soulignés par d'illustres intellectuels français, comme Sartre, ou vivant en France, comme Poulantzas. Les contributions de Negri au développement de la théorie sociale et politique du marxisme ne méritent pas une fin aussi décevante. Nous espérons de tout cœur que nous aurons bientôt la satisfaction de commenter, en des termes tout autres, un nouveau livre où l'extraordinaire talent de Negri retrouverait sa propre histoire.

Bibliographie

Albiac, Gabriel 2002 “El comunismo al día”, in *Radar*, Supplément Littéraire de *Página/12* (Buenos Aires) 30 mars.

Amin, Samir 2001 *El hegemonismo de los Estados Unidos y el Desvanecimiento del Proyecto Europeo* (Madrid: El Viejo Topo).

Amin, Samir 1974 *Accumulation on a World Scale* (New York: Monthly Review Press).

Amin, Samir 1992 *Empire of Chaos* (New York: Monthly Review Press).

Amin, Samir 1997 *Capitalism in the Age of Globalization* (London and New Jersey: Zed Books).

Anderson, Perry 1976 *Considerations on Western Marxism* (London: New Left Books).

Arendt, Hannah 1968 *Men in Dark Times* (San Diego: Harcourt Brace).

Arrighi, Giovanni 1995 *The Long Twentieth Century* (London: Verso).

Barlow, Maude 1998 "Creeping Corporativism. Every cultural institution is in jeopardy", in *The Bulletin* (Toronto) 51, Nº 12.

Bellamy Foster, John 2001 "Imperialism and 'Empire'", in *Monthly Review*, Vol. 53, Nº 7, décembre.

Boron, Atilio A. 1997 *Estado, Capitalismo y Democracia en América Latina* (Buenos Aires: EUDEBA/CBC).

Boron, Atilio A.; Julio Gambina et Naúm Minsburg (coordination) 1999 *Tiempos Violentos. Neoliberalismo, globalización y desigualdad en América Latina* (Buenos Aires: CLACSO/EUDEBA).

Boron, Atilio A. 2000[a] (coordination) *Filosofía Política Moderna* (Buenos Aires: CLACSO).

Boron, Atilio A. 2000[b] *Tras el Búho de Minerva. Mercado contra democracia en el capitalismo de fin de siglo* (Buenos Aires: Fondo de Cultura Económica).

Boron, Atilio A. 2001[a] "El nuevo orden imperial y cómo desmontarlo", in José Seoane et Emilio Taddei (coordination) *Resistencias Mundiales. De Seattle a Porto Alegre* (Buenos Aires: CLACSO).

Boron, Atilio A. 2001[b] "La selva y la polis. Interrogantes en torno a la teoría política del Zapatismo", in *Chiapas* (México) Nº 12.

Bowles, Samuel y Herbert Gintis 1982 "The crisis of liberal democratic capitalism : the case of United States", in *Politics and Society* , Vol. II, Nº 1, p.51-93.

Bowles, Samuel y Herbert Gintis 1986 *Democracy and Capitalism. Property, Community, and the Contradictions of Modern Social Thought* (New York: Basic Books).

Brzezinski, Zbigniew 1998 *El Gran Tablero Mundial : la superioridad norteamericana y los imperativos geoestratégicos* (Buenos Aires: Paidós).

Cangi, Adrián 2002 "Pequeño saltamontes", in *Radar*, Supplément Littéraire de *Página/12* (Buenos Aires) 31 mars.

Chomsky, Noam 1993 *Year 501. The Conquest Continues* (Boston: South End Press).

Chomsky, Noam 1994 *World Orders, Old and New* (London: Pluto Press).

Chomsky, Noam 1998 *Noam Chomsky habla de América Latina* (Buenos Aires: Editorial 21).

Chomsky, Noam 2000[a] "Poder en el escenario global", in *New Left Review* (Madrid, édition en espagnol) Nº 0, janvier, p.232-262.

Chomsky, Noam "Una entrevista con Noam Chomsky", in Boron 2000[b].

Chomsky, Noam 2001 *El terror como política exterior de los Estados Unidos (*Buenos Aires: Libros del Zorzal).

Cox, Robert W. 1986 "Social Forces, States and World Orders: Beyond International Relations Theory", in Robert O. Keohane, *Neorealism and its Critics* (New York: Columbia University Press).

Cox, Robert W. 1987 *Production, Power, and World Order. Social forces in the making of history* (New York, Columbia University Press).

Cueva, Agustín 1986 "La democracia en América Latina: ¿Novia del socialismo o concubina del imperialismo?", in *Estudios Latinoamericanos* (México) CELA/FCPyS, UNAM, Volume I, Année 1, Nº 1, juillet/décembre, p.49-54.

Dahl, Robert A. 1995 *A Preface to Economic Democracy* (Berkeley and Los Angeles: University of California Press).

de Sousa Santos, Boaventura 1999 *Reinventar la Democracia. Reinventar el Estado* (Madrid: Ediciones Sequitur).

de Tocqueville, Alexis 1957 *La Democracia en América* (México: Fondo de Cultura Económica).

Drucker, Peter F. 1997 "The Global Economy and the Nation-State," *Foreign Affairs*, Vol. 76, N° 5, septembre/octobre, p.159-171.

Eagleton, Terry 1997 "Where do postmodernists come from?" in Ellen Meiksins Wood et John Bellamy Foster (coordination) *In Defense of History* (New York: Monthly Review Press).

Galbraith, John K. 1997 "Entrevista a John K. Galbraith", in *Folha de Sao Paulo* (Brazil), 2 novembre, p.2/13.

Gonzalez Casanova, Pablo 1998 *La explotación global* (México : CEIICH/UNAM).

Gramsci, Antonio 1971 *Selections from the Prison Notebooks* (New York : International Publishers).

Hardt, Michael et Negri, Antonio 2000 *Empire* (Cambridge, Mass. : Harvard University Press) [Traduction française: *Empire* (Paris: Exils éditeurs, 2000)].

Hardt, Michael 2001 "El laboratorio italiano" (non-publié).

Huntington, Samuel P.1999 "The lonely superpower", in *Foreign Affairs*, Vol. 78, N° 2.

Kapstein, Ethan 1991/92 "We Are Us : The Myth of the Multinational", in *The National Interest* (Winter).

Lander, Edgardo 1998 "El Acuerdo Multilateral de Inversiones (MIA). El capital diseña una constitución universal", in *Revista Venezolana de Economía y Ciencias Sociales* (Caracas) N° 2-3, avril/septembre.

Lukács, Gyorg 1971 *History and Class Consciousness* (Cambridge : MIT Press).

Meiksins Wood, Ellen 1995 *Democracy against Capitalism. Renewing Historical Materialism* (Cambridge: Cambridge University Press).

Meiksins Wood, Ellen 2000 "Trabajo, clase y estado en el capitalismo global", in *Observatorio Social de América Latina* (Buenos Aires : CLACSO) juin, N° 1, p.111-118.

Negri, Antonio 1991 "J. M. Keynes y la teoría capitalista del estado en el '29", in *El Cielo por Asalto* (Buenos Aires) Année I, Nº 2, p.97-118.

Negri, Antonio 2001 "The Empire after Imperialism", in *Le Monde Diplomatique*, janvier.

NEJM, *New England Journal of Medicine*, janvier 1990. Cité in Chomsky, Noam 1993.

Panitch, Leo 2000 "The New Imperial State", in *New Left Review* (mars/avril) N° 2, p.5-20.

Restivo, Néstor 2002 "Entre las 100 economías mas grandes, 51 son multinacionales", in *Clarín* (Buenos Aires) 17 mars.

Saxe-Fernández, John; James Petras; Henry Veltmeyer et Omar Núñez 2001 *Globalización, Imperialismo y Clase Social* (Buenos Aires y México : Grupo Editorial Lumen/Humanitas).

Stiglitz, Joseph 2000 "What I learned at the world economic crisis", in *The New Republic* (17 avril).

Strange, Susan 1986 *Casino Capitalism* (Oxford: Blackwell Publishers).

Strange, Susan 1989 "Towards a Theory of Transnational Empire", in E-O Czempiel and J. Rosenau (coordination), *Global Changes and Theoretical Challenge. Approaches to World Politics for the 1990's* (Lexington, Lexington Books).

Strange, Susan 1998 *Mad Money. When markets outgrow governments* (Ann Arbor: The University of Michigan Press).

The Economist 1997 "The Future of the State", 20/26 septembre.

United Nations Development Program (UNDP) Informes de varios años publicados in *Human Development Report* (New York: United Nations).

Wallerstein, Immanuel 1974 *The Modern World System,* Vol. 1 (New York: Academic Books).

Wallerstein, Immanuel 1980 *The Modern World System,* Vol. 2 (New York: Academic Books).

Wallerstein, Immanuel 1988 *The Modern World System,* Vol. 3 (New York: Academic Books).

Wallerstein, Immanuel 1995 *After Liberalism* (New York: The New Press).

Weiss, Linda 1997 "Globalization and the Myth of the Powerless States", in *New Left Review,* septembre/octobre, N° 225.

Wresch, William 1996 *Disconnected. Haves and Have-nots in the Information Age* (New Brunswick: Rutgers University Press).

www.ingramcontent.com/pod-product-compliance
Lightning Source LLC
LaVergne TN
LVHW051019051026
849532LV00004BA/1283
9782747553971